INFÂNCIAS DO CORPO

2ª edição

INFÂNCIAS DO CORPO

Daniel Calméls

Tradução
Júlio César da Silveira Rodrigues

Phorte editora
São Paulo, 2022

Título do original: *Infancias del cuerpo*
Copyright © 2019 by Daniel Calméls, Editorial Biblos
Infâncias do corpo
Copyright © 2022 by Phorte Editora

Rua Rui Barbosa, 408
Bela Vista – São Paulo – SP
CEP: 01326-010
Tel.: (11) 3141-1033
Site: www.phorte.com.br
E-mail: phorte@phorte.com.br

CIP-BRASIL. CATALOGAÇÃO NA PUBLICAÇÃO
SINDICATO NACIONAL DOS EDITORES DE LIVROS, RJ

C163i

Calméls, Daniel
Infâncias do corpo / Daniel Calméls ; tradução Júlio César da Silveira Rodrigues. - [2. ed.] - São Paulo : Phorte, 2022.
; 23 cm.

Tradução de: Infancias del cuerpo
Inclui bibliografia
ISBN 978-65-88868-20-1

1. Psicologia infantil. 2. Crianças - Desenvolvimento. 3. Psicomotricidade. I. Rodrigues, Júlio César da Silveira. II. Título.

22-78081 CDD: 155.4
CDU: 159.922.7

Gabriela Faray Ferreira Lopes - Bibliotecária - CRB-7/6643
ph2497.2

Este livro foi avaliado e aprovado pelo Conselho Editorial da Phorte Editora.

Impresso no Brasil
Printed in Brazil

A Facundo e Lola,
nossas crianças.

Prefácio à segunda edição

Esta nova edição de *Infâncias do corpo* reúne vozes da oralidade e marcas de escrita.[1] Tem um ar de palavra falada e tramas que compõem um texto. Ela foi se gestando no entrelaçamento da prática em psicomotricidade e da reflexão teórica.

Apresento aqui um conjunto de hipóteses a respeito do corpo da criança elaborado durante os últimos 25 anos. Este trabalho é uma síntese de um projeto teórico mais extenso, ainda inédito.

Ao me referir aos problemas que comprometem ou empobrecem a construção da corporeidade, tentei prescindir, com algumas exceções, de qualquer referência às atuais nomeações diagnósticas, evitando, desse modo, que se fixe ainda mais, na categoria de um nome, um conjunto de sinais díspares, inconsistentes ou efêmeros. Este não é um texto de experiências clínicas nem um manual de diagnóstico, embora parte das observações surja da experiência clínica realizada nos últimos 40 anos.

Diferentemente de outros livros de minha autoria, neste, está incluído um capítulo de Mara Lesbegueris, graduada em Psicomotricidade e companheira de trabalho na prática clínica com crianças.

O termo *infâncias*, no plural, quer expressar a ideia de que não existe uma caracterização única do corpo nem uma forma única de construir a corporeidade. Por um lado, porque o corpo da expressão e da comunicação está em relação dialética com a vida biológica, orgânica, e os recursos socioeconômicos limitam de forma alarmante a saúde física e corporal das crianças cujos pais não têm as condições materiais que são oferecidas pelos direitos constitucionais não cumpridos do acesso à moradia digna, ao trabalho, à saúde e à educação. Por outro, porque a construção da corporeidade, principalmente nas grandes cidades, tende a empobrecer-se. Isso acontece com a disponibilidade do uso eficiente das mãos; a

[1] A escrita deste livro tem, às vezes, a forma de *mosaicos*. Entendo a escrita em *mosaicos* como uma peça entrelaçada, com bordas preparadas não tanto para mostrar o fim de seu território, mas para dar conta de sua necessidade de emparelhamento, de continuidade, de integração. O espaço da sutura de um com o outro mostra sua contiguidade, ao mesmo tempo que dá conta, na sua marca, da união de peças autônomas. Escrever *mosaicos* não é um produto do acaso nem da economia de esforço, é uma forma de montagem que permite um trabalho de leitura diferente. Aqui, o espaço trabalha junto com a letra.

construção de uma voz própria que não se defina pela classificação indeterminada da linguagem neutra; a capacidade de olhar e ser olhado sem mediações tecnológicas, que abusam da visão sem olhar; o repetido excesso de construções atitudinais que colocam o corpo na potência agressiva gerada pelos jogos eletrônicos de perseguição e confronto; o empobrecimento da capacidade de degustar sabores, texturas e consistências, domesticado pela comida "lixo" embalada na caixinha do "Lanche Feliz" etc.

O destinatário deste livro foi pensado com uma visão abrangente, que inclua profissionais da Saúde e da Educação que trabalham com crianças. Imagino, também, um leitor que, em estado de curiosidade, aproxime-se de suas páginas, livre de toda tentativa de formação profissional, com o único anseio de saber sobre a infância.

Daniel Calmels, fevereiro de 2019

Sumário

1

O corpo em suas manifestações

O eixo temático deste capítulo é o conceito de *corpo* com base em um estudo das *manifestações corporais*. Enfocaremos a construção do corpo na infância, corpo da expressão e da comunicação, corpo das aprendizagens.

A familiaridade com que nos aproximamos do conceito de *corpo* nos faz acreditar que temos um conhecimento natural sobre ele. Todos nós temos, ou somos, ou estamos próximos de um corpo humano. É claro que essa condição nos outorga um saber, uma vivência, uma experiência sensível sobre o corpo e suas manifestações. Esse saber autoriza uma prática cotidiana, mas não garante o acesso ao conceito nem é suficiente para a prática profissional. Seria conveniente que o profissional que trabalha com crianças tivesse formação sobre os fenômenos que caracterizam o corpo da criança. Isso permitiria observar, analisar e intervir em um campo de fenômenos naturalizados, bem como realizar um trabalho de detenção e prevenção.

Objeto de estudo

[...] se manifesto quer dizer evidente,
aberto, oferecido "em pessoa".

Jacques Derrida,
La voz y el fenómeno

O objeto de estudo da psicomotricidade como disciplina é o *corpo* em suas *manifestações, bem como o campo de problemáticas que são geradas em sua construção.*

Sara Paín diz:"O corpo faz parte da maioria das aprendizagens não apenas como insígnia, mas como instrumento de apropriação do conhecimento".[1]

Nesse sentido, seria impossível pensar na exclusão do "instrumento de apropriação do conhecimento" – isto é, o corpo – e ainda mais nos primeiros anos de vida, quando são construídas as *praxias* fundamentais que, mais tarde, estarão envolvidas em aprendizagens mais complexas; quando é desenvolvida a *expressividade* das emoções e dos afetos mais primários; quando a *postura* é formada, e o corpo é organizado em torno de seu eixo axial como referência organizadora do espaço; quando se desenvolve um grande número de *atitudes posturais*, que são componentes potenciais de movimento e gestualidade; quando o *olhar* e a *visão* começam a se combinar nos processos de comunicação e aprendizagem; quando as capacidades de *atenção* e *escuta* são desenvolvidas; quando são estabelecidas as bases *gestuais* da comunicação; quando os *gostos* primários vão dando lugar a diferentes *sabores*.

Nos primeiros cinco anos de vida, constroem-se as bases do corpo e das suas manifestações, que terão uma configuração em nível de imagem (*imagem do corpo*)[2] particular, única e original, e na construção de um *esquema corporal*, que permite espacialmente a localização do corpo em

[1] Paín, Sara. *La génesis del inconsciente*: la función de la ignorancia. Buenos Aires: Nueva Visión, 1985. v. II.

[2] "A imagem do corpo é, a cada momento, memória inconsciente de toda a vivência relacional, e ao mesmo tempo é atual, viva" (Dolto, Françoise. *La imagen inconsciente del cuerpo.* Buenos Aires: Paidós, 1984).

seus segmentos e em suas articulações, assim como o acionar eficaz sobre os objetos e o entorno.

Dizemos, então, que o corpo *"é" em suas manifestações*. A presença das manifestações corporais é a prova da existência do corpo. É a partir do contato, dos sabores, da atitude postural, do olhar, da escuta, da voz, do rosto, dos gestos expressivos, da praxia etc. que o corpo ganha vida. Se nenhuma dessas manifestações existisse, por não terem sido construídas ou porque foram perdidas por causa de um acidente (estado vegetativo), poderíamos afirmar que não haveria corpo como suporte de expressão e comunicação.

A alteração na construção das manifestações corporais funcionaria como um indicador de anormalidades no desenvolvimento. Isso nos alertaria sobre algum conflito localizado no corpo. Esses conceitos poderiam ser levados em conta, dentro de um programa de prevenção, como indicadores privilegiados na busca de sua existência e de seu estado, partindo da ideia de que o corpo não é uma *descoberta*, mas uma *construção*, termo cujo início é "co", que indica companhia ou relação entre pessoas, neste caso, de um outro que cumpre a função corporificante.

Analisar as diversas manifestações corporais constitui apenas uma abstração, pois, em nossa experiência cotidiana, o corpo se comporta como um todo. Seguindo Michel Chion, "a maioria de nossas experiências sensoriais são, portanto, meadas de sensações aglomeradas".[3]

Distinguir os componentes primordiais da corporeidade é, no entanto, uma abstração necessária para avançar no desenvolvimento de um fenômeno diferenciável sobre um fundo comum. De modo algum, constitui uma divisão: diferenciar não é dividir. Sem diferenciar, a análise e a compreensão do fenômeno do corporal seriam impossíveis. O recorte e a diferenciação de uma manifestação corporal (contato, sabores, atitude postural, olhar, escuta, voz, rosto, gestos expressivos, praxias etc.) é um fato próprio de um corpo notavelmente construído.

---

[3] Chion, Michel. *La audiovisión*: introducción a un análisis conjunto de la imagen y el sonido. Barcelona: Paidós, 1998.

Uma criança expressa por gestos, posturas, desenhos, modelagem ou música a imagem interior de sua fantasia. Todo ser humano simboliza por meio de fantasias auditivas, gustativas, olfativas, táteis e visuais. Contudo, pode expressá-las de outra maneira que não por palavras. É o que os bebês fazem.[4]

Escuta

O ouvinte percebe a manifestação no mesmo sentido em que percebe a própria pessoa que manifesta.

Edmund Husserl
Investigaciones lógicas

Como já apontamos, uma das manifestações corporais é a *escuta*. Escutar não é ouvir. São dois fenômenos diferentes. Quando escuto o outro, estou disposto a receber a sua palavra e a sua voz, a dar-lhe um lugar no meu pensamento, e, para isso acontecer, eu tenho que me dispor. Quem escuta está receptivo, disposto a receber o outro pela voz. Essa disponibilidade nem sempre surge da vontade consciente e nem tudo o que se escuta é aceito e incorporado.

Diferentemente do que acontece com a escuta, posso *ouvir* sem ser afetado, posso ouvir estando distraído, desinteressado.

Quando tentamos acalmar uma criança que está em estado de birra ou raiva, quando falamos com ela, ela nos ouve, mas não nos escuta. Ela sabe da nossa presença, mas seu corpo resiste à nossa corporeidade, seus ouvidos estão fechados ao diálogo.

Na maioria dos casos, a voz é direcional, procura um rosto que receba e ofereça indícios daquilo que registra. Gilles Deleuze e Félix Guattari

[4] Dolto, Françoise. *Seminario de psicoanálisis de niños*. México: Siglo XXI, 1984.

dizem a esse respeito que "o rosto constrói a parede que o significante precisa rebater, constitui a parede do significante, a moldura ou a tela".[5]

Na comunicação humana – com exceção de segredos e murmúrios, que são ditos perto do ouvido – a voz busca um olhar que a guie. Embora o indivíduo que fala situe, localize, o rosto de quem recebe sua palavra, no decorrer da fala, ele para de olhar fixamente e é olhado por quem escuta. Então, quem fala não mantém o olhar fixo no ouvinte, deixando-se olhar por ele, há algumas exceções. Daniel Stern destaca que as regras culturais que regulam a interação verbal e visual "não são válidas quando consideramos como as mães olham para seus filhos lactantes":[6] as mães olham continuamente quando falam com seus bebês, seguram a palavra com o olhar.

A escuta clássica com frequência requer uma fixação temporária do corpo, uma posição atitudinal; a voz procura um rosto ao qual se voltar. Entretanto, devemos reconhecer outras formas da escuta. Há crianças que, interessadas em escutar, distraem-se falsamente, estão mais interessadas em escutar os comentários da intimidade do que o que lhes é dirigido de forma explícita; outras, para escutar, precisam movimentar-se e mudar de postura.

No sentido que damos ao fenômeno da escuta, Françoise Dolto insiste que por mais que uma criança "tenha um rosto de inconsciente ou não olhe para as pessoas, isso não quer dizer que uma criança não ouça. Uma criança autista, por exemplo, ou seja, uma criança que não olha nada, ouve tudo. Ela apenas parece estar ausente, e isso é o mais perturbador e o que nos faz, finalmente, começar a falar delas sem nos dirigirmos a elas."[7]

[5] Deleuze, Gilles; Guattari, Félix. *Mil mesetas*: capitalismo y esquizofrenia. Madrid: Pre-Textos, 1997.

[6] Stern, Daniel. *La primera relación*: madre-hijo. Madrid: Morata, 1983.

[7] Dolto, Françoise. *Seminario de psicoanálisis de niños*.

Em algumas crianças, o ouvido se alimenta mais do fundo e não tanto das vozes que deveriam funcionar como figura.[8] Elas percebem sons, ou, talvez, barulhos que atrapalham a interação e o aprendizado. Isso acontece porque seus ouvidos ainda não foram corporificados, e elas não conseguem direcionar uma escuta.

O aceleramento modifica as formas de atenção porque, sendo o estímulo mutável e constante, exige que este seja captado continuamente, sem pausas, sem descanso. A prática e a habituação a essa forma de atenção levam a criança, perante um estímulo descontínuo, a perder a capacidade de prestar atenção e, em alguns casos excepcionais, a se refugiar na atenção dos sons ou das imagens que são gerados em fundo que, se mais persistentes, capturam sua atenção.

Escuta auricular

Uma forma particular de escuta é a escuta auricular. A maioria das crianças descobre um encanto especial quando a voz chega até elas diretamente através de um conduto (cano ou tubo pequeno), que se aproxima do ouvido. Mesmo crianças aparentemente incomunicáveis, que não respondem à interpelação da palavra, quando se faz a voz chegar até elas de forma direta, auricular, elas se surpreendem, prestam atenção e, em muitos casos, direcionam o olhar para o interlocutor.

Quais são as características dessa escuta? A criança registra um som direcional, diferente do que podemos chamar de escuta aérea, na qual o som se expande; escuta por um de seus ouvidos, e não por ambos; o som prevalece sobre o conteúdo, o olhar não condiz com a escuta.

[8] N. do E.: aqui, o autor se refere aos sons próximos (figura) ou distantes (fundo) e como algumas crianças detectam o fundo.

O som chega diretamente ao ouvido da criança. São palavras ditas ao ouvido, que ganham em reserva e exclusividade, mas perdem em fidelidade: às vezes, não passam de um sussurro.[9]

Na escuta do sussurro, voz baixa, secreta, perde-se em semântica e ganha-se em sonoridade. A voz baixa é a voz íntima, que é emitida em proximidade e contiguidade.

A primeira oralidade é próximo a próximo,[10] e, em alguns casos, com a criança nos braços, um dos ouvidos apoiado sobre o corpo do adulto ou no travesseiro, parcialmente bloqueado, recebe menos som, tendo o outro ouvido exclusividade sonora, semelhante a essa escuta que comentamos, direcional e direcionada para um só ouvido. A escuta auricular é a escuta primária.

Sabemos que os bebês podem ficar tranquilos escutando algum som suave e ritmicamente repetido. Kurt Koffka diz que "uma criança que grita pode ser tranquilizada por estímulos sonoros (assobios) já na primeira semana".[11]

Imaginem um adulto contando uma história para um grupo de crianças. O narrador dispõe de seus recursos corporais, de sua voz, de sua atitude postural, de seu olhar, de sua gestualidade expressiva, conseguindo que as crianças ouçam com atenção. A escuta concentrada (apaixonada) requer abrir-se, apesar de que, em muitos casos, não apenas os ouvidos são abertos, mas também a boca. Isso é comumente observado em crianças pequenas. Parece que o narrador de uma história apaixonante os deixa

[9] Este é justamente o motivo de êxito da brincadeira chamada *telefone sem fio* ["*el teléfono descompuesto*", no original], na qual as informações são distorcidas.

[10] N. do E.: "próximo a próximo" faz parte de um código de construção espacial no qual as crianças unem um objeto a outro como um trem. Aqui, a proximidade dos corpos se assemelha ao contato e à contiguidade.

[11] Koffka, Kurt. *Bases de la evolución psíquica*: introducción a la psicología infantil. Buenos Aires: Espasa-Calpe, 1941.

de "boca aberta". Aqui, o corpo é uma esponja que recebe ativamente, aberto à voz do outro, livra-se de suas preocupações posturais e sensoriais próprias: "Quanto mais esquecido de si mesmo o ouvinte estiver, mais profundamente o que é ouvido ficará marcado nele".[12]

Gestos, manobras corporais para estar com o outro plenamente. Cada parte, cada área do corpo se *dispõe* neste acordo que denominamos *escutar*. A disponibilidade corporal é condição necessária para que a consistência intangível da voz possa ser "pega" e conduzida aos canais da vida psíquica.

* * *

Uma das características próprias da sociedade atual é a predominância do visual sobre o auditivo. Nesse sentido, são poucos os "auditórios" puros. Originalmente, o auditório era um espaço destinado a ministrar conferências, ministrar aulas etc., um espaço para o exercício da oralidade e da escuta. Hoje, o *auditório* está se tornando cada vez mais *audiovisual*, restam poucas experiências puras de escuta sem o recurso da imagem visual (projeção de vídeos, *slides* etc.), ao mesmo tempo que, nas sombras, o olhar do espectador é retirado do corpo do expositor.

O fundo tradicional, sobre o qual é apresentada a figura audível (palavras, canto, sons etc.) destinada à recepção do outro, o fundo moderado e pouco estridente, mudou; suas propriedades de imobilidade e estabilidade não são as mesmas. O fundo atual não constitui o silêncio, nem o branco, nem o homogêneo, nem o contínuo. Nas grandes cidades, um conjunto de ruídos e sons, amalgamados e, por vezes, indiferenciados, funciona como fundo audível. Por exemplo, o tom de voz de uma pessoa que está falando ao celular costuma ser mais alto do que o da pessoa que está falando com outra perto, e isso, em muitas ocasiões, é uma forma indireta de apelo à nossa escuta, quase um convite ambíguo para escutar. O homem urbano

---

[12] Benjamin, Walter. El narrador: consideraciones sobre la obra de Nicolai Leskov. *In*: Alvarado, Maite; Guido, Horacio (org.). *Incluso los niños*: apuntes para una estética de la infancia. Buenos Aires: La Marca, 1993.

aprendeu e aprende a separar o que é destinado à sua escuta particular do que constitui uma cortina sonora.

O uso de ruídos e sons agudos, estridentes, penetrantes são características do audível na pós-modernidade.

Chion diz, referindo-se ao cinema, que "um som rico em frequências agudas criará uma percepção mais alerta, o que explica por que em muitos filmes recentes o espectador fica tenso".[13] Esse vínculo entre o estado de tensão e as frequências agudas do som posiciona o homem pós-moderno em estado de alerta, resposta orgânica, modificação do tônus muscular, aprendidos como defesa frente a situações ameaçadoras.

Ainda, Chion, referindo-se à natureza do som, diz-nos que "um som mantido de modo liso e contínuo é menos animador do que um som sustentado de forma irregular e trepidante".[14]

O ouvido da escuta, atropelado por barulho e condenado a ouvir imperativamente, empobrece diante da predominância do que é visual. Basta olhar para os jogos eletrônicos infantis, nos quais, na maioria dos casos, a ausência de som não impede o desenvolvimento do jogo.

* * *

Escutar, então, exige um compromisso corporal: quem olha e escuta está colocando o corpo. Seria inverídico dizer que, na escola, existe um profissional que tem a exclusividade do corporal, porque, nas redes da corporeidade, estão todos implicados (e complicados). Pode haver alguma especialidade, como a psicomotricidade, que tenha o corpo como objeto de estudo, que formule perguntas, que conte com recursos de intervenção, mas não há cuidado parental[15] descorporificado nem aprendizagem descorporificada.

Essas mesmas reflexões poderiam servir também para pensar as diferentes abordagens terapêuticas.

---

[13] Chion, Michel. *La audiovisión*.

[14] *Ibidem*.

[15] N. do E.: *crianza*, no original em espanhol.

Anteriormente, apresentamos uma citação de Sara Paín, na qual ela fala do corpo como *insígnia*. O corpo como insígnia é o corpo que participa das mostras, o corpo que se oferece para ser olhado num fazer, o corpo que se deixa observar fazendo. O corpo que se mostra nas relações de comunicação e de aprendizagem, mas sem se exibir ou se ostentar como modelo único.

* * *

Michel Chion define "três diferentes atitudes de escuta, que apontam para três objetos diferentes: escuta causal, escuta semântica e escuta reduzida".[16] Dessas três atitudes, vamos nos deter na causal e na reduzida.

Escuta causal

Michel Chion diz que a escuta causal consiste "em se servir do som para se informar, tanto quanto possível, sobre sua causa".[17]

Na escuta causal, a origem do som é reconhecida. Desde tenra idade, a criança associa a percepção visual, a tátil e a sonora (sensibilidade *exteroceptiva*). Esse registro lhe permitirá, na ausência de visão, reconhecer a origem de um som. A essas três sensações, adicionam-se as percepções proprioceptivas (sensações musculares, tendinosas e articulares), que indicam dados no registro dos sons vibrantes, rítmicos etc. Reconhecer a origem *causal* dos sons dá à criança poder e tranquilidade. Permite a elas antecipar, intervir, esperar e agir sobre o meio com segurança.

Uma criança escuta o som da porta se abrindo e sabe que sua mãe está entrando. Reconhece, entre tantos sons, o da porta da frente que, na expectativa da chegada, é interpretado como a chegada de sua mãe à sua casa. É certo que, sem essa escuta causal – detectar a origem do som da porta da frente –, a criança não poderia antecipar a presença de sua mãe ao seu lado. Também é certo que a criança aprendeu a identificar esse som porque, depois dele, em poucos segundos, sua mãe se faz presente. Podemos dizer, então, que o processo cognitivo de reconhecimento de um som

---

[16] Chion, Michel. *La audiovisión*.

[17] *Ibidem*.

entre outros, em sua origem, não seria o mesmo se não fosse capacitado pela presença de um ser transcendente, nesse caso, um som de conotação positiva, embora, em outros, essa presença possa ser fonte de inquietação, por exemplo, o som da porta é a presença de uma pessoa que chega para cuidar da criança na ausência de sua mãe. Nesse sentido, o registro de um som não é neutro, ele tem conotação agradável ou desagradável.

Com o passar dos anos, essa escuta causal, em parte, vai se desligando de sua origem relacional.

Escuta semântica

A escuta semântica "refere-se a um código ou uma linguagem para interpretar uma mensagem: a linguagem falada. Objeto de pesquisa da linguística".[18] Na escuta semântica, está a interpretação da linguagem articulada.

Escuta reduzida[19]

Pierre Schaeffer "batizou de escuta reduzida a que afeta as qualidades e as formas próprias do som, independentemente de sua causa e seu sentido".[20] Na escuta reduzida, os sons prevalecem por eles próprios.

Aprendemos a escutar acompanhados e perto do corpo do outro, não só porque o outro fala conosco, mas também porque ele nos propõe e compartilha uma modalidade de escuta particular. "É nessa subjetividade [a das percepções compartilhadas], nascida de uma 'intersubjetividade', na qual se pretende situar a escuta reduzida, como Schaeffer a definiu".[21]

Podemos dizer que um especialista em escuta reduzida é o bebê, que reconhece, no adulto que fala com ele, o som da voz por cima dos conceitos que a voz transmite.

---

[18] Chion, Michel. *La audiovisión*.

[19] O qualificador *reduzida* foi retirado da noção fenomenológica de redução de Husserl.

[20] *Ibidem*.

[21] *Ibidem*.

Contato

O mais profundo é a pele.

Paul Valéry
La idea fija

Outras das manifestações que nos ajudam a aprofundar o conceito de corpo são o *tato* e o *contato*, que se materializam de diversas formas no cuidado parental.

O termo *contato*, às vezes, é usado como figura. Por exemplo, quando estabelecemos comunicação com outra pessoa, dizemos "entrei em contato com". Neste texto, usaremos o termo em seu sentido original, referindo-se à relação de proximidade tátil de dois corpos pela epiderme (ou por cabelos e unhas), mediada ou não pelo vestuário.

Pode-se fazer um diagnóstico do tipo de contato que a mãe estabelece com seu bebê ou de qualquer relação tátil, como a que os adultos costumam ter com as crianças ou as crianças entre si, mas para isso precisamos de palavras que nomeiem as diferentes formas de contato.

Diferentes áreas do corpo, embora principalmente as mãos, alcançam o corpo de diferentes maneiras. Chamamos algumas delas de *tato*, *toque*, *palpação*, *sondagem*, *contato*, *manipulação*, *beliscão*, *carícia*, *roçadura*, *agarramento*, *palmada*, *golpe*, *atrito*, *esfregadura*, *fricção*, *massagem*, *manuseio*, *choque* etc. Todas essas ações não são neutras, são diferentes em sua execução, em suas intenções e nos efeitos que provocam no outro.

Nesse sentido, quando um profissional entra em contato com uma criança, ele pode diferenciar e distinguir as formas de sua intervenção e os efeitos que ela tem, que ficam evidentes nas reações que a criança produz. Por exemplo, se intervém *acariciando*, se o faz por *fricção* (ou esfregadura), se está realizado um *toque*, se o que está aplicando é uma *palpação*, todos esses são nomes que definem ações muito diferentes ligadas ao tato e ao contato.

Palpação

Tomemos o exemplo da *palpação*,[22] manobra típica do saber médico, ação que o profissional realiza em sua tarefa clínica. O ato da palpação tem uma busca, um sentido específico. Propõe-se, com o encontro tátil com algum órgão, apreciar seu estado, avaliar sua dimensão. Nesse sentido, a palpação tem uma função cognitiva.

No método clínico de palpação, a mão que toca usa o tato, e não o contato. Quem realiza o toque atravessa a pele para descobrir o que essa pele cobre, camadas sucessivas que envolvem músculos e tendões que, por sua vez, "re-cobrem"[23] a estrutura óssea. Se o médico passa do tato ao contato, sua palpação perde o rumo e fica à deriva que o corpo lhe impõe. Podemos ilustrar este tema com um fragmento de um texto de Gabriel García Márquez, no qual o doutor Urbino, personagem de *O amor nos tempos do cólera*, abandona seu juramento hipocrático diante de Fermina Daza, a mulher desejada:

> [...] apalpou seus órgãos internos com mais intenção do que atenção, e enquanto isso ia esquecendo a própria sabedoria e descobrindo assombrado que aquela criatura de maravilha era tão bela por dentro quanto por fora, e então se abandonou às delícias do tato, já não como o médico mais qualificado do litoral caribe, e sim como um pobre homem de Deus atormentado pela desordem dos instintos.[24]

Apesar de ser um contato utilizado profissionalmente, há mães que, às vezes, palpam a criança, buscando, por meio do tato, avaliar seu estado orgânico. Elas examinam, inspecionam, revisam sua anatomia com manobras baseadas na dúvida ou no controle.

---

[22] Do termo em espanhol *palpar* deriva *palpitar* (do latim *palpitare*: agitar-se). Também *pálpito*: pressentimento.

[23] N. do E.: ao longo da obra, alguns termos foram grafados com o hífen separando os prefixos, ainda que, nem em espanhol (idioma original do texto), nem em português, sejam normativamente escritos dessa maneira. Isso se deve a uma escolha do autor, para dar destaque a esses termos.

[24] Márquez, Gabriel García. *El amor en los tiempos del cólera*. Buenos Aires: Sudamericana, 1985. (N. do E.: o texto da citação foi extraído da tradução de Antônio Callado, publicada no Brasil sob o nome *O amor nos tempos do cólera*, pela Record, em 2019.)

Carícia

Quando uma pessoa *acaricia* outra, não há uma busca cognitiva importante, não está sendo examinado algo em particular; podemos até dizer, seguindo Emmanuel Lévinas, que aquele que acaricia "não sabe o que procura".[25] A carícia não se inscreve num campo racional; sua busca é o encontro corporal com o outro. Carícia é um termo que vem do italiano: *carezza* ou carícia, derivado de *caro*, "querido".[26] Existe a carícia "sem querer"?

É certo que aquele que acaricia "não sabe o que procura", porque tudo o que encontra no outro, da mesma matéria que a sua, permite-nos conhecer a nós mesmos. Sou apenas eu em outro que, ao me reconhecer em traços comuns como diferente, converte-me em semelhante.

Sabemos que as primeiras carícias inauguram na pele da criança um lugar para o outro, um espaço de recepção e de recebimento. Se uma pessoa não é acariciada, se não há contato relacional com seu corpo, é provável que ela não tenha uma pele capacitada para receber e abrigar o outro.

Ser acariciado talvez seja, junto com ser segurado, uma das formas mais primitivas da existência inaugural do corpo. Onde a mão do outro desliza suave e ternamente; onde o outro entra em contato sem a necessidade de um pedido de socorro, sem uma finalidade econômica, sem uma busca cognitiva; onde a mão do outro se desloca, ocorre um salto qualitativo da pele, pois ela recebe uma visita desinteressada que a apresenta, prepara-a, molda-a como um lugar receptivo para o outro, um acolhimento que reconhece em seu visitante um semelhante que, de forma diferente, entrecruza sua porosidade.

[25] Lévinas, Emmanuel. *Ética e infinito*. Madrid: Machado Libros, 1991.
[26] Corominas, Joan. *Breve diccionario etimológico de la lengua castellana*. Madrid: Gredos, 1973.

Um envolvimento que acaricia: "A ternura não descreve apenas a qualidade do que é mais macio e mais frágil de um corpo. A ternura é, também, a força amorosa de um envolvimento. Um envolvimento que acaricia."[27]

A carícia requer uma mão aberta, uma posição da mão em que a palma e os dedos não têm hierarquia. A carícia é um trabalho de alisamento em pequenas extensões da pele. A carícia é profunda no que é superficial, desliza com a habilidade de quem sabe, mesmo que não procure saber nada ou explorar nenhum território. Quem acaricia se sente no outro, mas isso que sente de si no outro ultrapassa a sua mão e, portanto, o corpo que acaricia sente o outro em si. A insistência da carícia é produto da estranheza familiar; percorrer a superfície de outro corpo nos afeta.

A carícia inventa a pele do corpo, dá a ela relevo e espessura, extensão e volume. A carícia, por sua vez, unifica as projeções da pele, dos pelos, das rugas, das pintas, das depressões. A mão que acaricia reúne tudo nela e, sem ignorar suas diferenças, une-as na palma, agrupa-as em um toque generoso. O passar da mão unifica. Acariciar é fundar uma ordem, situar um âmbito, temporalizar um espaço.

Essa ação tão familiar que é a carícia, em determinado momento também pode ser uma intervenção profissional, embora, na maioria das vezes, não seja realizada com a consciência e a convicção de estar realizando uma intervenção. A carícia é uma das formas de contato naturalizadas.

[27] Percia, Marcelo. *Una subjetividad que se inventa*. Buenos Aires: Lugar, 1994.

O termômetro da pele

Adultos, no cuidado parental, usam o toque ativo por meio de várias ações e com várias partes do corpo. Quando a mãe mede a febre de um filho, às vezes, ela não usa a palma, mas o dorso da mão. A temperatura do dorso, diferentemente da palma, é mais baixa e tem maior grau de objetividade. Esse termômetro de mão também compete ao cotovelo: quando é necessário medir a temperatura da água quente para o banho do bebê, a mãe insere o cotovelo e avalia sua conveniência.

Esse conhecimento termodinâmico do corpo adulto é acentuado em diversas ações espontâneas, como aproximar a bochecha ou os lábios à pele do bebê. Esses *contatos* garantem à criança um controle de sua temperatura corporal.

Fricção

A *fricção* (ou *esfregadura*), porém, é usada para aumentar a temperatura do corpo. Algumas mães não acariciam nem palpam, mas *esfregam* o corpo do bebê, palpam a epiderme procurando áreas frias e as aquecem com um energético contato de insistência: são mães calorosas. As áreas mais friccionadas do corpo são as extremas: mãos e pés.

Quando ocorre uma batida e há dor, o adulto costuma esfregar o local com uma canção, "*Sana, sana, colita de rana*".[28] Nesse caso, a fricção difere da carícia. O "*sana, sana*" é uma das muitas maneiras de aliviar a dor no corpo com o contato. A dor é tocada. O fato de, nas ocasiões em que a dor é registrada, a criança tocar e olhar para a área do corpo que dói é um bom sinal.

Françoise Dolto já se referiu à relação peculiar que os animais têm com a dor, assimilando-a à reação das crianças com autismo. Ela diz que

---

[28] N. do T.: o verso completo é "*Sana, sana, colita de rana / Si no sana hoy, sanará mañana*" [Sara, sara, rabinho de rã / Se não sarar hoje, sarará amanhã, em tradução livre]. Seria o equivalente ao que falamos no Brasil para consolar as crianças quando caem ou se machucam: "*Pronto, pronto! Passou!*".

quando um animal fere uma parte do corpo, nunca a olha: "As pessoas com autismo fazem a mesma coisa, ao passo que um ser humano típico observa a parte ferida de seu corpo e pergunta com o olhar no rosto do outro, se tem alguém perto dele".[29]

* * *

A mão da mãe tem "poderes de cura". Basta que a vida orgânica da criança seja alterada e um de seus órgãos se apresente de maneira particular, para que a mãe recorra ao contato de sua mão, em muitos casos, aliviante, e, em outros, avaliativo, como quando se mede a temperatura do corpo colocando a mão na testa.

O olhar e o contato da criança estão atentos a qualquer mudança e troca *do* e *com* seu corpo. A criança olha seu excremento, sua mucosidade, toca sua transpiração (e nos convida a fazer isso também).

A dor é tocada. A mão solidária com a dor vem em seu auxílio e cobre com a palma a área dolorida do corpo. A mão vai ao peito, cobrindo as batidas do coração que sofre, corre para "segurar" a cabeça diante da dor psíquica, bate na testa de susto. A mão sabe das emergências, sabe que a dor é tocada e "sustém" a área afetada. O contato é pleno, contundente, retumbante.

Quando uma criança bate na testa, quando por iniciativa própria bate a testa na parede ou no chão, devemos duvidar do discurso que descreve esse ato apenas como *autoagressão.* O golpe é apenas uma das formas possíveis de neutralizar uma iminente sensação de desorganização interna. As crises tônico-emocionais, algumas das birras, chiliques, manhas têm a função de organizar a sensação insuportável de não poder se carregar nem se manter numa postura.

[29] Dolto, Françoise. *Seminario de psicoanálisis de niños.*

Um texto de Jorge Luis Borges, *A estátua sensível de Condillac*, diz-nos que o toque

> [...] talvez revele que o espaço existe e que, no espaço, ele está em um corpo; os sons, os cheiros e as cores lhe pareciam, antes dessa etapa, simples variações ou modificações de sua consciência.[30]

Aqui, o tato entra primeiro na comunicação com o mundo. Com ele, organiza-se um lugar para que todo o sistema sensorial ganhe vida, bem como o próprio corpo; ou seja, o tato não revela apenas a existência do espaço, mas também a do corpo como espaço.

A estátua sensível de Condillac se solidariza com o escultor e escolhe o tato como o primeiro sentido. Sabe-se que a escultura precede a pintura. Edward Hall se pergunta por que a escultura grega estava mil anos à frente da pintura grega, e responde que "a escultura é, na verdade, como Grosser aponta, antes de tudo, uma arte tátil e cinestésica".[31]

Referindo-se à evolução humana, Kurt Koffka diz que "os sentidos da pele, com exceção da sensação de dor, são os superiores"[32] em relação aos demais. Acrescenta, também, que

> Flechsig comprovou que as vias nervosas que conduzem dos órgãos sensoriais ao córtex cerebral não são todas revestidas da bainha de mielina simultaneamente, mas, primeiro, aquelas que vêm da pele e, por último, as vias auditivas. A evolução orgânica e a funcional mostram, assim, a mais estreita relação.[33]

Tato ativo

Segundo Maine de Biran, o *tato ativo* implica uma vontade.[34] James Gibson, por sua vez, faz distinção entre tato ativo (exploração tátil) e tato

[30] Borges, Jorge Luis. La estatua sensible de Condillac. *In*: Borges, Jorge Luis. *Manual de zoología fantástica*. México: FCE, 1957.

[31] Hall, Edward T. *La dimensión oculta*. México: Siglo XXI 1997.

[32] Koffka, Kurt. *Bases de la evolución psíquica*.

[33] *Ibidem*.

[34] *apud* Brun, Jean. *La mano y el espíritu*. México: FCE, 1975.

passivo (ser tocado). Ele reporta que o tato ativo permitiu que alguns sujeitos "reproduzissem objetos abstratos afastados de sua visão com 95% de exatidão. Com o tato passivo, entretanto, era possível apenas 49% de exatidão".[35] Nessa experiência de pesquisa, foi necessário adicionar à palavra *tato* uma propriedade que a palavra, em si, não tem. Diversos termos designam diferentes fenômenos de tatilidade, cujas ações e consequências assumem um sentido particular na prática realizada.

Beliscão

Uma forma contundente de contato, às vezes invasiva e dolorosa, é beliscar. O *beliscão* se resume em um ponto, comprime, acumula tensões e se retira, deixando uma marca.

O beliscão busca uma resposta, é direcional e intencional (embora, em tenra idade, após um ano, são observadas formas semelhantes ao beliscão sem uma intenção clara). Às vezes, o beliscão nada mais é do que a frustração de um agarrar, que nos mostra o que se quer possuir.

A oposição terminal das digitais do polegar e do indicador produzem o beliscão, um aperto forte em uma pequena área.

Do termo [em espanhol] "*pellizco*" [belisco] deriva "*pizca*" [pitada], uma das formas de medir quantidades.[36,37] Na cozinha, alguns temperos são medidos com a medida gestual da pitada, como é o caso da pitada de sal.

Pegar[38]

Aderir, unir. Do latim *picare*, "untar ou pegar". Secundariamente, "aproximar intimamente".[39] Unir-se ao outro corporalmente por meio de

[35] *apud* HALL, Edward T. *La dimensión oculta*.
[36] COROMINAS, Joan. *Breve diccionario etimológico de la lengua castellana*.
[37] N. do E.: optou-se por deixar os termos em espanhol com suas respectivas traduções à frente, porque, na língua portuguesa, não existe correspondência de derivação entre *beliscão* (belisco) e *pitada*.
[38] N. do E.: optou-se por deixar a palavra *pegar* (como no original) em vez das palavras *colar* e *brigar*, pois, tanto em espanhol como em português, há significados equivalentes para o termo, dos quais o autor quis se valer. 1. Pegar: fixar(-se), aderir, colar, grudar; 2. Pegar-se: discutir, brigar, desentender-se, surrar, dar pancadas.
[39] *Ibidem*.

contatos múltiplos e contínuos é estar pegado, em seu sentido de aderência (de maneira simbólica, sua equivalência é adesão). O apego mostra a necessidade do outro para existir, marca um vínculo fundante.

Contudo, o *golpe* estabelece uma distância com o outro, pressupõe uma necessidade de distanciamento, de oposição. Se pegar aproxima os corpos, bater uns nos outros, em contrapartida, separa-os. O golpe não implica necessariamente dano ou dor. O pegar-se de brincadeira é uma forma de reconhecer materialmente a própria consistência e força. O contato lento e seguro do punho que afunda no corpo do adversário lúdico não machuca, marca a elasticidade de uma superfície, demonstra a consistência da carne, garante volume e confirma a força. Pegar-se de brincadeira permite que o soco fixe o punho. Dar um soco é um movimento aprendido, requer atenção particular, diferenciada de outras formas "naturais" de agressividade, como empurrar, arranhar, morder etc.

Contudo, o golpe que deixa marca, o golpe que danifica ou irrita a pele, deixa no outro a presença incômoda do corpo estranho, funcionando como um lembrete da dor, memória carnal da violência impressa no corpo.

A palmada castiga; o tapa ofende; o soco destrói.

Na língua espanhola, *pegar* tem um duplo sentido: golpe e adesão. Porém, esse excesso de sentido no mesmo termo combina duas ações de presença não rara na infância:

1. Há crianças que encontram na ação de pegar uma forma de se aproximar, de alcançar o outro "arremetendo", como aponta um de seus sentidos, introduzindo-se, ainda que de forma rápida e espasmódica, no corpo do outro.
2. Outras crianças, ao se pegarem, tentam se separar, mesmo que momentaneamente: ao se pegar, desprendem-se.

Intervenções corporais

Essas ações de contato, simples e triviais da vida cotidiana, geralmente, são atividades que, na prática profissional, enquadram-se no que chamamos de intervenções corporais, embora não o sejam no cotidiano do cuidado parental.

Às vezes, quando falamos das técnicas, pensamos em algo frio, mecanizado, distante. Podemos pensar que a aplicação da técnica representa o que é menos técnico, pois passa pela pessoa. Seria conveniente que cada pessoa, na aplicação de alguma técnica, mantivesse seu *estilo*. O estilo é visualizado na forma particular pela qual cada um faz algo. O estilo nos afasta da *mecanização*. Se as intervenções fossem mecanizadas, todos faríamos a mesma coisa, da mesma forma, ao mesmo tempo e no mesmo lugar. E o fato curioso é que cada adulto tem, diante da criança, sua própria maneira de *olhar*, de *escutar*, de *acariciar*.

Não se trata de treinar para tocar, tampouco de habilidade ou destreza. Há mãos que tremem, mas cujo tremor continua sendo, não obstante, a medida da segurança.

O toque no relaxamento

Caso se trate de uma intervenção profissional e, mais precisamente, de uma intervenção corporal perante uma criança, é prudente rever o modo de execução, ou seja, a forma material de demonstrar, por meio do tato, sua intenção e os efeitos que ela produz. As intervenções profissionais são hipotéticas, direcionais, contextuais e, às vezes, recorrentes.

Em primeiro lugar, é preciso diferenciar o *toque* da *carícia* e o da *massagem*. Este último é sempre repetição, não existe uma única vez. O tato que usamos no relaxamento não é de insistência, não tenta diluir a dureza, nem produzir prazer na superfície da pele. O relaxamento que propomos utiliza um tato que marca, prescrito dentro de uma rotina, inserido nas manobras de uma técnica. Não é o tato que inspeciona, não é o utilizado em um exame médico. Não se trata de palpar o organismo, não é o toque de um órgão, mas de um corpo que espera, recebe, significa. Ao contrário de outros contatos, este deve ter um trajeto, não importa qual, mas que exista e se repita toda vez que for instalado o procedimento a seguir. Por exemplo: começo a percorrer o braço, desde o ombro até a mão; ao mesmo tempo, toco e nomeio a área em que aplico o toque; depois, continuo com... A intervenção deve ter uma *rotina*, para que o outro não se surpreenda. Uma rotina, de trajeto, de caminho que afasta da surpresa; uma rotina de trânsito que, para quem relaxa, não implica monotonia de percepção. Se não houver repetição de uma metodologia por parte do profissional, é impossível para a criança perceber as diferenças no estado de seu corpo.

O tato utilizado no relaxamento, chamamos de *toque*, uma pressão leve, calmante, sobretudo na hipersensibilidade tátil.

Massagem

A *massagem* caracteriza-se pela sua repetição, pelo seu contato repetido sobre a musculatura. Essa qualidade da *massagem*, diferentemente do *toque*, localiza-a num eixo temporal. A temporalidade da repetição nos remete ao ritmo, ou seja, o corpo que recebe a massagem é um corpo temporalizado. A mão da massagem não apenas espacializa o corpo, mas também lhe dá, em sua insistência, um ritmo, uma cadência. É importante que essa temporalidade não viole os ritmos da própria pessoa.

Se, por um lado, a carícia funda a pele e lhe dá um valor de fronteira, colocando o corpo em comunicação, a massagem, por outro lado, indo além da pele, introduz-nos na arquitetura muscular e nas várias camadas, marcando diferenças entre o macio e o duro e suas várias nuances.

Os objetos

Em relação ao tato, a mão é o referente corpóreo preferencial e uma área de observação privilegiada na clínica psicomotora.

A observação de crianças com graves transtornos de personalidade revela uma forma particular de contato manual com os objetos. A ausência de aderência e de encaixe entre a mão e o objeto nos dá a impressão de que o objeto fica pendurado na mão. Essa ausência de contato pleno torna o domínio do objeto deficitário. O objeto estranho na mão não consegue se prolongar nela, como costuma acontecer com os objetos que, em nossa mão, tornam-se um apêndice capaz de operar tecnicamente.

A mão da criança com traços autistas não é corporificada e, portanto, sua dificuldade é de natureza mais primária e elementar, não está pronta para se transformar em um instrumento, não deu o salto do motor ao instrumental, nem do práxico para o cognitivo. Da mesma forma, do ponto de vista diagnóstico, está longe de constituir uma dispraxia.

"O espaço bucal é, então, progressivamente enriquecido com novos objetos que o bebê não designa àqueles que vê até coordenar os esquemas oral, visual e tátil-motor em um único complexo. Mas pode acontecer de a criança ser proibida de colocar objetos na boca nesse exato momento de sua vida em que pode integrar o conhecimento bucal com o visual, e, dessa maneira, esse conhecimento fica desintegrado do objeto, irrecuperável para a experiência do sujeito."[40]

Voz

> A palavra só deixa de ser palavra quando nosso interesse se dirige exclusivamente ao sensível, à palavra como simples voz.
>
> Jacques Derrida,
> *La voz y el fenómeno*

A *voz*[41] é o aspecto corporal da linguagem verbal. Quando mostro a voz, coloco o corpo. Pela voz, reconhece-se a identidade de uma pessoa.

[40] Paín, Sara. *Diagnóstico y tratamiento de los problemas de aprendizaje*. Buenos Aires: Nueva Visión, 1996.

[41] Para mais informações, ver Calmels, Daniel. *El cuerpo cuenta*: la presencia del cuerpo en las versificaciones, narrativas y lecturas de crianza. Rosario: Homo Sapiens, 2014.

Ao escutar por telefone ou por rádio uma pessoa, um corpo é reconstruído com base em sua voz. Isso não significa que quando me encontrar com a pessoa que imaginei, eu não me decepcione e descubra outra realidade. A voz faz parte da nossa identidade, embora possa não estar de acordo com o resto da corporalidade. Essa coincidência, ou não, é influenciada pelos valores de uma cultura em que uma voz é atribuída a uma determinada corporalidade e, por sua vez, é condicionada pelo próprio ideal de corpo que a pessoa que escuta tem.

Não nascemos com uma voz dada de antemão. Às vezes, podemos perceber que uma criança está começando a construir sua própria voz. A voz não é algo que se cria num instante, mas, em algumas ocasiões, percebemos, tomamos consciência desse ato inaugural em determinado momento. Esse processo é muito antigo, porque a voz começa sua construção incipiente antes da palavra. Em balbucios, gorjeios, choros, gritos, silabação ou em sons guturais, há esboços da voz, presentes muito antes de a palavra ser organizada. Mas, claro, quando a palavra aparece, a voz muda, não é a mesma. Nas crianças que não têm acesso à palavra, sua voz fica empobrecida. Nesse sentido, a palavra enriquece o corpo, mas a palavra só pode ser acessada se houver alguma construção de corporalidade e um outro que fale, que coloque sua voz e escute.

Há crianças que têm dificuldade para construir a própria voz, assim como o corpo em geral. Sua voz, monótona, estereotipada, aumentada de volume, parece estranha. Em crianças diagnosticadas com síndrome de Asperger, costuma-se observar, entre outras características, aumento de volume e distorção da prosódia.

Algumas crianças, quando falam, colocam a palma da mão perto do rosto, bem próximo da boca, produzindo um som específico para sua própria escuta. Sua voz volátil, monótona, estereotipada, aumentada de volume, revela-se diferente.

Mesmo com crianças que têm muita dificuldade de se comunicar, se o profissional brincar com a sua voz, poderá produzir uma atração, um interesse por parte da criança. E penso que, em algum momento, todos nós temos vontade de brincar com a nossa voz, de mudá-la, de alongá-la, de repetir. Brincar com a voz é brincar com o corpo. Envolver-nos como adultos por meio de nossa voz é permitir que a criança, por sua vez, brinque com sua própria voz. Não pedindo que ela diga palavras com "sentido", nem palavras "corretas", mas, sim, que brinque com o significante[42] puro, com as imagens acústicas. Essa prática oral está ligada ao prazer do significante, que encontraremos nas canções de ninar, na poesia, nos jogos de palavras sem significado aparente e que são muito atraentes para a criança, justamente por ser uma busca do sem sentido com base na sonoridade da voz.

Nessa direção, é possível brincar com a voz, incorporar esse jogo na tarefa profissional, sabendo que brincar com a voz é colocar o corpo.

* * *

A voz antecipa a palavra. Quando ambas se amalgamam naturalmente, o ouvinte não percebe, ele as recebe como se fossem uma, mas, às vezes, a voz e a palavra se revelam: tomam caminhos diferentes. Nesses casos, a voz pode ser solidária com o grito, com o canto, com o significante puro, mas não com a palavra. Quem fala escuta sua voz e sua palavra separadamente; o conceito, a ideia que carregamos na palavra, separa-se da voz. Na boca, é produzido um rompimento, um freio, às vezes, com alongamento à maneira de uma "derrapagem". A pessoa que gagueja nos mostra que não há fluência em sua oralidade, mas, sobretudo, que há separação entre sua voz e a palavra. O sentimento de alienabilidade o invade e começa a ser ouvido: é o primeiro que sua voz recebe.

O encaixe dos dois elementos, voz e palavra, permite fazer da linguagem verbal um instrumento, que a voz põe em jogo.

* * *

[42] N. do E.: de acordo com Ferdinand de Saussure, o signo é composto de significante mais significado. O significante se estabelece no plano dos fonemas (sons) e das letras que compõem uma palavra, e foi isso o que o autor quis ressaltar nesse trecho, em detrimento do sentido de um signo. Podemos tomar como exemplo o trava-línguas "No ninho do mafagafo, há três mafagafinhos. Quem os desmafagafizar primeiro, bom desmafagafizador será", no qual a sonoridade se sobrepõe ao sentido.

O acesso à palavra ocorre por meio da voz. A oralidade é o início: primeiro, escuta-se a língua materna e, por vários motivos, ela é distinguida de outras vozes. Sara Paín diz:

> A voz com que o adulto se dirige ao bebê não corresponde à sua tonalidade habitual, mas é um pouco mais aguda, com um timbre mais brilhante e muito mais modulada. O discurso dirigido ao bebê é, muitas vezes, interrogativo e exclamativo, e cada frase é repetida várias vezes.[43]

A voz da mãe, então, é percebida com um timbre brilhante e agudo e modulado no plano da exclamação e da interrogação.

Michel Chion postula que é possível "atribuir uma direção à escuta. Os agudos de um som, com efeito, espalham-se de maneira mais direcional que os graves".[44]

O corpo é em suas manifestações, e nos manifestamos em uma situação. É por isso que não temos um único rosto ou uma única voz. A construção do corpo comporta um repertório de variações prosódicas. A voz se modifica conforme a quem é destinada, mas principalmente quando se dirige à criança: isso permite ao bebê saber quando estão se dirigindo a ele e quando não. Assim, o bebê poderá diferenciar os diálogos que a mãe mantém com ele e com outras pessoas.

Se avaliássemos a função dos órgãos sensoriais na construção do vínculo, poderíamos atribuir ao ouvido a função de segurar um laço de continuidade na relação corporal mãe-filho, sobretudo em tenra idade. Quando a mãe se afasta do bebê, o contato e o olhar ficam suspensos, fato que pode ser compensado pelo contato sonoro, pela fala ou pelo canto. Essa continuidade sonora ajuda o bebê a continuar ligado a distância.

Tomar a palavra é um fato corporal que se sustenta na voz.

Não há assunção da palavra sem voz própria, ou seja, sem processo de corporificação.

[43] Paín, Sara. *La génesis del inconsciente.*

[44] Chion, Michel. *La audiovisión.*

Sabor

A façanha alimentícia

> Colher imóvel, cheia de líquido, suspensa ante
> sua boca: palavra detida esperando o gole.
>
> Roberto Aguirre Molina
> *Diario de la conquista*

Gostaria de diferenciar *gosto* de *sabor* e dar conta do nascimento do *gesto de desgosto*. As características do alimento condicionam a aceitação ou a rejeição por parte da criança pequena. A passagem do líquido para o macio (do leite à papinha), do macio para o sólido (da papinha à carne) está presente na evolução do ser humano, ao mesmo tempo que, a partir de uma dieta feita com uma única substância, é gradativamente introduzida uma infinita variedade de alimentos combinados e temperados de múltiplas formas.

O recém-nascido é dotado de um reflexo chamado *gustativo-facial*, que tem a função de detectar sabores indesejados e de expelir o alimento com um movimento conjunto da boca e do rosto.[45]

Como expressa Matty Chiva: "A sensação gustativa é relativamente pobre e só inclui quatro sensações básicas: salgado, doce, azedo e amargo".[46] Com exceção do insípido ou do doce, todos os outros gostos colocam em funcionamento esse reflexo. Em nossa memória genética, está incorporada essa repulsa a todas as substâncias que não tenham o gosto considerado como bom e, portanto, aceitável. O organismo, por meio desse reflexo, é preservado de qualquer invasão indesejada que possa prejudicá-lo.

Desse modo, o trabalho maternal no cuidado parental consegue que a criança aceite alguns desses gostos, transformando-os nas primeiras experiências de sabores. Como consegue isso? Vejamos uma cena da vida cotidiana: uma mãe prova a comida diante dos olhos de seu filho, saboreia

[45] "As substâncias doces são ingeridas; as muito azedas, amargas ou salgadas são rejeitadas, e, além disso, é possível observar a mímica característica do doce, azedo e amargo." (Koffka, Kurt. *Bases da evolução psíquica*.)

[46] Chiva, Matty. Cómo se forma la persona al comer. *Infancia y Aprendizaje*, Madrid, n. 8, dic. 1979.

e gesticula com aprovação, exagera, mostra o prazer que vem de saborear a laranja antes camuflada com açúcar, mesmo que na realidade esse gosto, àquele momento, não seja tão desejado.

O rosto da mãe convida a compensar o "des-gosto", ajuda a engolir, para que o novo alimento não caia mal. Por sua vez, a criança imita o gesto que a mãe lhe propõe, tira do espelho primordial a síntese do rosto que saboreia com prazer, imita a mãe e, nessa "re-produção" mímica gestual, consegue moderar o desgosto, tolerar o novo alimento, contrariar o impulso do reflexo gustativo-facial (que, nessa idade, está com sua vivacidade reduzida),[47] que, se agisse com toda sua força, poderia expelir o alimento da boca. Graças ao rosto da mãe, a criança aceita a laranja e enriquece sua capacidade gustativa, incorporando sabores não doces. Enriquecendo a boca, faz corpo com a laranja. Nessa zona de disputa entre a expulsão reflexa ao gosto azedo e a aceitação, podemos presenciar como se constrói uma área do corpo da criança, a boca do sabor.

A expressão facial que desencadeia esse reflexo, não mais como uma resposta automática (sinal orgânico de prevenção), vai ser tomada como um gesto de expressão facial dos desgostos causado pelas coisas ou acontecimentos que são reprovados, assim como sua expressão facial contrária, um rosto de sabor agradável, de bom gosto, agirá como sinal de aprovação. Nessa passagem do sinal orgânico para um sinal corpóreo inserido no campo da comunicação, o rosto se constrói em uma de suas formas expressivas, torna-se corpo.

Se dermos ao termo "sabor" seu antigo significado, "saber" [na língua espanhola],[48] podemos dizer que exercer o sentido do gosto, ter provado, é um ato de aprendizagem. A alimentação que se funda "com e a partir de" um outro que se alimenta tem a particularidade de ser um dos primeiros atos de aprendizado com base na troca e na comunicação. A humanidade a ritualizou porque sabe das cerimônias que lembram os feitos, os princípios, os nascimentos.

---

[47] "Dos 9 aos 14 meses, o reflexo gustativo-facial é atenuado." (Chiva, Matty. *Cómo se forma la persona al comer.*)

[48] Corominas, Joan. *Breve diccionario etimológico de la lengua castellana.*

A ingestão nutricional requer tempo e espaço para o corpo aprender. Na alimentação, como no jogo corporal, há duas instâncias que geram conhecimento e saber sobre o próprio corpo, bem como sobre os objetos e os outros.

Para que o gosto, propriedade do organismo, expanda-se em múltiplos sabores, é necessária a mesa compartilhada.

* * *

O adulto intervém no ato da alimentação da criança. As formas de intervenção, às vezes, passam pelo simples fato de experimentar o alimento diante do olhar do bebê. Provar o alimento, mantê-lo na boca para perceber seu sabor, saborear, é uma lição importante para a criança, pois lhe é "dito em ações" que a boca não é um tubo (alimentício), que a boca é um lugar, que há um espaço no corpo onde o alimento pode adquirir sabores diferentes, que comer não é engolir, que se alimentar não consiste em algo passar de um lugar para outro, mas que, em primeiro lugar, é bom que se detenha na boca, e que a ação da alimentação não é tanto engolir, mas, sim, saborear, e essa ação é prazerosa.

Acolher o alimento, recebê-lo e torná-lo gostoso não só alimenta a matéria orgânica, mas também nutre o corpo ao deixar na boca o sabor de uma parcela de prazer. Para saborear, não basta ter fome, é preciso querer aproveitar o alimento como representante de nossa cultura, sabendo que, mesmo estando sós, sempre se come com outro.

* * *

A boca da criança pequena é uma boca que tem que crescer qualitativamente, que tem que se munir na construção de sabores.

Muitas crianças com graves distúrbios emocionais vão querer sempre a mesma comida e não aceitarão novos alimentos. Elas darão preferência a alimentos macios e doces, rejeitando os outros alimentos.

Nas situações mais críticas, como afirma Dolto, "elas engolem qualquer coisa, como se não tivessem discriminação gustativa".[49] Se comem uma bala, mastigam rapidamente, é estranho para elas "chupar", como o faz a maioria das pessoas, procurando uma experiência de sabor repetida e prazerosa.

Há, também, ofertas de alimentos que não colaboram para o enriquecimento da boca. As refeições apresentadas no McDonald's são alimentos que tendem a empobrecer a boca, entre inúmeras outras coisas, porque os sabores são muito poucos, a escolha é limitada, já são preparados com antecedência e, além disso, são moles. Eles têm uma consistência que impede que os dentes trabalhem na função alimentar de morder. São ultraprocessados em diferentes estados de consistência, pois surgem de uma trituração prévia.[50]

Produções de temporalidade

> A velocidade é a velhice do mundo.
> A velocidade esgota o mundo.
>
> Paul Virilio
> *Amanecer crepuscular*

As intervenções precoces que possam contrariar os efeitos da aceleração podem ser elaboradas analisando as funções de cuidado parental cotidianas, nas quais a atenção da criança é convocada e se vivencia uma temporalidade de acordos rítmicos e cadências compartilhadas. O ritmo humanizado das ações diárias e compartilhadas forja uma memória vincular.

A experiência lúdica nos primeiros anos de vida deixa uma marca nas tarefas cotidianas, um acréscimo de prazer, de alegria e de laboriosidade.

Na melhor das hipóteses, a vida diária tem vários momentos em que o adulto cuidador e a criança brincam, jogam, riem. Tomarei a alimentação como exemplo.

---

[49] Dolto, Françoise. *Seminario de psicoanálisis de niños*.

[50] Para mais informações sobre esse tema, ver Calméls, Daniel. *Fugas*: el fin del cuerpo en el comienzo del milenio. Buenos Aires: Biblos, 2013.

Se brincar e comer estivessem separados de início, a alimentação seria um ato meramente mecânico, desprovido de criatividade, sem sabor. A brincadeira liga, une.

No cuidado parental, existem várias ações que podemos nomear como produções da temporalidade. Fato reiterado é a temporalidade da ingestão, que ocupa o momento de comer, os ritmos e os tempos com que o alimento chega à boca.

Existem algumas brincadeiras que preparam a boca para receber a comida, introduzem uma delonga entre colherada e colherada. Uma das brincadeiras que acompanham a alimentação, comum em nossa cultura, é a do "aviãozinho", que transforma a colher em um objeto aéreo. O voo da colher delonga a chegada do alimento, deixando-nos à espera de boca aberta (às vezes, desvia-se inesperadamente para a boca do adulto).

Aqui, comer cria temporalidade, na forma de espera, expectativa. A mãe coloca a criança em estado de "espera observadora", ou seja, em uma espera ativa, ao mesmo tempo que o voo da colher tem uma função antecipatória, cria a expectativa de receber, saborear e ingerir o alimento.

Essa ação lúdica, juntamente com outras, além de captar a atenção da criança, é produtora de temporalidade. É claro que brincar é uma ação que ocorre no tempo. Desse ponto de vista, em todas as brincadeiras há temporalidade, porém, em particular, em algumas delas, a temporalidade nas formas de espera, delonga, passagem, sucessão e sequência tem um protagonismo especial.

Produzir temporalidade é dar espessura, densidade, no transcorrer das ações, intervenção que se apresenta como resistência à "aceleração".

Se o alimento demora na boca, não é para cumprir uma ação higiênica e adequada para triturar o alimento; não se trata de mastigar tantas vezes nem de uma ação correta, mas, sim, da demora mínima do alimento na boca para que as papilas gustativas tenham tempo para receber o sabor.

Juntamente com outras brincadeiras, narrações e ações do cuidado parental, essa captação da atenção da criança cria a vontade de estar pronta para olhar e escutar o outro, portador de alguma coisa de interesse.

Como afirma Lev Vygotsky:

> Temos repetido em numerosas ocasiões que as formas superiores da memória, a atenção e outras funções não aparecem de repente como algo acabado, não caem do céu em determinado momento, mas têm uma longa história evolutiva. Isso também acontece com a atenção voluntária. Na verdade, seu desenvolvimento começa com o primeiro gesto de indicar, com a ajuda do qual os adultos tentam direcionar a atenção da criança, e com o primeiro gesto independente da criança, com o qual ela começa a direcionar a atenção dos outros.[51]

Várias brincadeiras primárias incluem o tema da alimentação. "Um, dois, feijão com arroz", "O doce perguntou pro doce", "Olha o aviãozinho", são apenas algumas delas.[52]

Por sua vez, nos contos infantis, os alimentos têm uma presença fundamental. A escassez ou a abundância de alimentos participam como ações protagonistas nas histórias que são contadas às crianças.

Os pais do Pequeno Polegar o abandonam com seus irmãos, porque não têm nada para dar-lhes de comer. Com a pouca farinha que sobrou, a mãe faz um pão para eles, que, em seguida, o Pequeno Polegar usaria para marcar, frustradamente, o caminho de volta para casa.

O motivo da viagem de Chapeuzinho Vermelho é levar comidas para a avó em uma cestinha.

Continua

[51] VYGOTSKY, Lev. Psicología infantil. *In*: VYGOTSKY, Lev. *Obras escogidas*. Madrid: Visor, 1996. v. IV.
[52] N. do E.: no original, "*Las 'tortitas de manteca', el 'dedito goloso', el 'avioncito'*" ["As 'panquecas de manteiga', o 'dedinho guloso', o 'aviãozinho'", em tradução livre]. *Tortitas de manteca* e *dedito goloso* são parlendas que unem versos e movimentos.

Continuação

João e Maria, abandonados pelos pais pelos mesmos motivos do Pequeno Polegar, perdidos no bosque, encontram uma casa feita de doces onde mora a bruxa que os aprisiona. A bruxa os alimenta para comê-los e verifica se eles estão no ponto, pedindo-lhes que lhe mostrem um dedo, ao que as crianças respondem mostrando-lhe um graveto que expunha sua permanente magreza.

Branca de Neve desmaia e é dada como morta depois de provar uma maçã envenenada que, por sorte, fica presa em sua garganta.

A necessidade e o desejo de comer levam à morte, à aventura, ao risco. A escassez de alimentos separa a família; os filhos que não podem ser alimentados são abandonados, são deixados na terrível solidão de buscar seu destino por conta própria.

O alimento é abençoado, envenenado, escamoteado e sempre, como defende Jean-Paul Sartre,[53] o fantasma da escassez faz acumular. O alimento convoca a nutritiva mesa compartilhada e a desordem dos vínculos.

Rosto

> A melhor máscara de todas é a do nosso próprio rosto.
>
> Friedrich Nietzsche
> *Así habló Zaratustra*

Podemos nos aproximar do conceito de *rosto* diferenciando-o do de *face* e do de *fácies*.

---

[53] SARTRE, Jean-Paul. *El ser y la nada*. Traducción Miguel A. Virasoro. Buenos Aires: Iberoamericana, 1949. t. II.

Face-rosto

Quando se pede a uma criança que nomeie as partes de seu corpo, ela raramente nomeia a *face*, a *cara*, embora quase todas as vezes nomeie os elementos que compõem a *face*, como olhos, nariz, boca etc. A face é uma composição que, com os mesmos elementos dispostos com mudanças sutis, alcança sua originalidade. A face é um conceito anatômico, designa uma parte[54] da estrutura do organismo. A anatomia[55] nos permite nomear o organismo em suas diferentes partes, é uma topografia dos órgãos.

Designamos com o termo *face*, então, uma fração de nossa anatomia. Nascemos com uma face e, sobre essa face, construímos um *rosto*. Intervenções cirúrgicas, ou cirurgias estéticas, trabalham sobre a face e afetam o rosto; depois da operação, a pessoa deve ser capaz de reconstruir um rosto com base nas mudanças que ocorreram em sua anatomia. O rosto como área corporal da comunicação e da expressão exibe um aspecto nodal de nossa identidade.

Fácies-rosto

A medicina trabalhou insistentemente na possibilidade de delimitar as várias composições da face, para o que criou o conceito de *fácies*. As várias patologias têm uma fácies particular. Seu diagnóstico "pode apontar para determinado sistema ou aparelho e, às vezes, para uma doença definida".[56] As fácies, dependendo da configuração da face, podem nos dar indícios de uma alteração genética ou congênita, como é o caso da *fácies Downiana*.[57] A observação da face de uma criança com Síndrome de Down evidencia

---

[54] Se, na anatomia, há uma composição por partes da estrutura dos órgãos, o corpo que é construído na relação é pensado a partir de áreas que parecem indicar um espaço menos recortado e mais integrado do que o termo *parte*, mais relacionado a territórios, com histórias que ultrapassam os limites anatômicos.

[55] Anatomia, do grego *anatémno* ("eu corto de cima para baixo"), derivado, por sua vez, de *témno* ("eu corto"). Corominas, Joan *Breve dicionário etimológico da língua castelhana*.

[56] Pérgola, Federico; Okner, Osvaldo. *Introducción a la semiología*. Buenos Aires: Eudeba, 1983.

[57] Face redonda, com apagamento do ângulo interno dos olhos, nariz em sela etc.

uma fácies particular, comum a crianças com a mesma síndrome, o que permite reconhecê-la. Contudo, apesar de sua face ser semelhante, seu rosto não precisa ser. O rosto pode mostrar sua identidade, traços particulares, compartilhados com os rostos de sua família, sua origem.

Se a fácies coloca a criança em comum com um traço genético, o rosto familiariza-a, identifica-a com os semblantes de seus "*pais de corpo*".[58]

O conceito de rosto, ou "rosteridade", tem um caráter dinâmico e interativo. Embora o rosto seja mobilizado em diversos semblantes, "um rosto é reconhecido para além da série fragmentária de suas manifestações".[59]

O próprio rosto é primeiramente perceptível de maneira visual pelos outros, apesar de a criança ter uma série de sensações, percepções, que suscitem mímicas faciais, brincadeiras de sorrisos, olhares, trocas de "rosteridade".

Embora o rosto, como Mahmoud Sami Ali defende, "começa a existir a partir do ponto de vista dos outros",[60] isso também acontece com o corpo como um todo. Não é a percepção visual direta que lhe confere essa particularidade, pois existem outras áreas do corpo, como as costas, que não podem ser vistas diretamente. O corpo como um todo começa a existir do ponto de vista dos outros, porque cada área é construída com emparelhamentos, referências, nomeações. Cada área do corpo é marcada pela conjunção entre palavra, olhar e toque de um outro, que lhe atribui um valor, uma função e uma característica. O corpo se constitui na interação com um outro que qualifica, dimensiona, delimita, nomeia e põe em funcionamento. Ponto de vista, referência de contato, posição de escuta, perspectiva atitudinal, que fundam um corpo receptivo na interação.

Grande parte da identidade corporal de uma pessoa é sustentada pelo rosto, um corpo que, por sua vez, será condicionado pelo contexto em que se forma. Nesse sentido, tomando uma frase de Deleuze e Guattari, há uma "produção social de rosto".[61]

---

[58] N. do E.: "*padres de cuerpo*", em espanhol. Trata-se de uma expressão que faz diferença com o que seriam os "pais biológicos".

[59] Sami-Ali, Mahmoud. *Cuerpo real, cuerpo imaginario*: para una epistemología psicoanalítica. Buenos Aires: Paidós, 1979.

[60] *Ibidem.*

[61] Deleuze, Gilles; Guattari, Félix. *Mil mesetas.*

A construção do rosto

Henri Wallon escreve:

> Uma espécie de mimetismo mímico ligava-o primeiro à sua mãe e àqueles que podiam responder à expressão de suas necessidades, depois, a um círculo maior de rostos familiares nos quais se modelava o seu, alimentando nele a consciência de situações mais, ou menos, diversas.[62]

Wallon nos diz que o rosto do menino é modelado, ou seja, é construído tomando como referência os rostos dos outros homens e, nessa modelagem, encontra seu alimento psíquico "alimentando nele a consciência de situações mais, ou menos, diversas".

Mais adiante, ele acrescenta, citando *O capital*, de Marx:

> O homem começa refletindo-se em outro homem como um espelho. É somente quando ele passa a ter em relação ao homem Paulo uma atitude igual à que ele tem em relação a si mesmo, que o homem Pedro começa a tomar consciência de si mesmo como um homem.[63]

Essa frase de Marx, diz Wallon,

> [...] expressa muito bem aquela oscilação de si para o outro e da imagem percebida no outro de si mesmo, que não é apenas uma realidade moral ou social, mas também um processo psicológico essencial.[64]

Não se trata aqui de causa e consequência, de primeiro e segundo, mas de um fenômeno em que uma coisa e outra acontecem "ao mesmo tempo", uma "atividade plástica". Ao olhá-lo, não só o conheço, mas também me "re-conheço" em você; ao sorrir, descubro-me em seu rosto.

---

[62] WALLON, Henri. Kinestesia e imagen visual del propio cuerpo en el niño. *In*: WALLON, Henri. *Estudios sobre psicología genética de la personalidad*. Buenos Aires: Lautaro, 1965.

[63] *Ibidem*.

[64] *Ibidem*.

Na mesma direção trabalha Mikhail Bakhtin, ao afirmar que "o corpo não é algo autossuficiente, tem necessidade do outro, de seu reconhecimento e de sua atividade formativa".[65] *Modelado* para Wallon, *formado* para Bakhtin, o corpo é construído no diálogo com os outros.

Donald Winnicott, usando o termo "face" e, provavelmente, conferindo-lhe os atributos que aqui imputamos ao rosto, retoma o conceito de espelho:

> Podemos considerar a face da mãe como um protótipo do espelho. O bebê se vê na face de sua mãe. Se a mãe está deprimida ou preocupada com algum outro assunto, então, é claro que a única coisa que o bebê vê é uma face.[66]

Nesse caso, a criança não vê um rosto, mas, sim, encontra a face sem potência comunicante. A face perde a "rosteridade", é difícil de olhar para ela. Para ela expressar e comunicar, o rosto se coloca à frente, e, à frente dele, o olhar. Para poder ver a face, é preciso uma operação de dessubjetivação; ver a face é conhecer a anatomia.

Dolto descreve o caso de um bebê que ficou separado da mãe por oito dias:

> O bebê, de fato, perdeu-se como filho em relação à mãe de oito dias atrás. A partir desse luto, ele voltou a enxertar sua imagem sensorial no rosto de uma nova pessoa e ganhando peso: a imagem do corpo de um bebê se concentra e se reflete, efetivamente, no rosto de sua mãe.[67]

Surpreende, nessa citação, o uso do termo *enxertar*, metáfora botânica tão típica da medicina, que, aqui, de outra perspectiva, revela a dimensão do fenômeno de construção de "rosteridade". Para não ficar vendo apenas uma face, é necessário o dinamismo desejante de um rosto, que nos convida a olhar.

---

[65] *apud* TODOROV, Tzvetan. Claves para la obra de Mijaíl Bajtín. *Eco*, Bogotá, n. 234, abr. 1981.

[66] WINNICOTT, Donald. *Los bebés y sus madres*. Buenos Aires: Paidós, 1989.

[67] DOLTO, Françoise. *Seminario de psicoanálisis de niños*.

Considerando essas caracterizações do corpo e do rosto, podemos pensar com quais gestos primordiais a criança constrói seu rosto, com quais das expressões do rosto dos outros a criança compõe alguma continuidade de sua própria expressividade facial, à qual dará uma constância que a diferenciará dos demais.

A continuidade do sorriso, o espanto ou a seriedade de um rosto é uma exibição de uma escolha primordial de um traço particular a partir do qual o rosto toma corpo. Eles são uma marca de origem, um carimbo que mostra a linhagem de sua história familiar.

Enfatizando a presença do rosto sobre o resto do corpo, Deleuze e Guattari dizem: "A decodificação do corpo implica uma sobrecodificação pelo rosto". O rosto tem poder sobre outras partes do corpo. O animal, ao contrário do ser humano, não é reconhecido pelo rosto. Tanto o nome quanto o rosto são dois dos significantes primordiais na identificação de um sujeito, "pois retira da cabeça o estrato de organismo, tanto humano quanto animal, para conectá-la a outros estratos, como os de significância ou de subjetivação".[68]

Nosso conhecimento do outro está incompleto se o nome e o rosto não forem conhecidos. Dizer que conheço uma pessoa pelo nome apenas implica que não sei como é o rosto dela.

Outro elemento de identificação é a voz. A trilogia de nome, rosto e voz compõe poderosos traços de identificação.

Sorriso

A percepção de um rosto amoroso é construída com elementos concretos que o configuram. Françoise Dolto escreve: "Para a criança, o rosto de seus pais que a olham com amor é o espelho de seu corpo em ordem".[69]

No rosto, são reveladas ações de grande dinamismo, como é, entre outras, o *sorriso*. Poderíamos dizer que, se não fosse pelo sorriso, carregado de ternura, a criança pequena teria muita dificuldade em olhar o outro.

---

[68] Deleuze, Gilles; Guattari, Félix. *Mil mesetas*.

[69] Dolto, Françoise. *Seminario de psicoanálisis de niños*.

O sorriso é um convite a olhar o outro, indica-nos que vale a pena nos conectarmos com os olhos de outra pessoa. O sorriso produz na face um efeito de *iluminação* que compromete totalmente o rosto, por isso, não é fácil fingi-lo, pois não se trata apenas do arqueamento da comissura dos lábios: o sorriso pode ser visto no olhar.

Além disso, o sorriso prepara o corpo para o aparecimento do *riso*, vinculado ao humor. O riso é posterior no desenvolvimento da criança, e sabemos todas as conotações benéficas que tem para a vida orgânica e relacional.

Continuaremos com esse tema na seção *Gestos expressivos*.

Cadê? Achou![70]

Ao contrário do *esconde-esconde*, na brincadeira do *Cadê? Achou!*, a criança e o adulto se ocultam, mas não se escondem, porque ambos sabem onde está o outro. Entretanto, esconder-se implica um enigma que o outro deve resolver, porque quem se esconde não se mostra no ato de se esconder.

Por volta dos quatro meses, começa esse jogo de ocultamento onde o corpo fica parcialmente escondido, cobrindo e descobrindo a cabeça. Metonimicamente, a face representa todo o corpo, e o jogo consiste em *revelar*, ou seja, retirar o véu que cobre o rosto.

O momento da "des-coberta" da face coloca ambos rostos em um protagonismo particular. Esse jogo de ocultamento, o *Cadê? Achou!*, deveria ter lugar de destaque em qualquer resenha que nos fale sobre os procedimentos utilizados na construção do rosto e da gestualidade expressiva.

Olhos

Quanto à representação do rosto, os olhos têm um lugar fundamental. No desenho da figura humana, podem faltar a boca, o nariz, a testa e

[70] N. do E.: no original, *cuco*. O jogo, também conhecido como *cucú* ou *cucú-tras*, consiste numa brincadeira em que a criança esconde seu rosto atrás de um pano ou de uma manta, para aparecer logo depois, seja para seus pais, seja para seus professores e amigos. Tem esse nome por causa do pássaro cuco.

até a cabeça, mas não podem faltar os olhos. O orifício do olho, cheio ou vazio, é constituinte da figura humana. Jacques Mercier diz que "o olho equivale ao rosto que, por sua vez, equivale ao corpo".[71]

Olhar

> Só o olhar do outro pode me dar a sensação de formar uma totalidade.
>
> Tzvetan Todorov
> *Claves para la obra de Mijaíl Bajtín*

Olhar e *ver* são dois termos que designam fenômenos diferentes.[72] Roque Barcia diz:

> Ver está relacionado aos sentidos; olhar refere-se às ideias, à imaginação, aos sentimentos. A visão representa um atributo e uma função; o olhar é, na verdade, uma revelação do espírito.[73]

Certamente, Fernando Pessoa se refere a isso quando escreve, na *Ode marítima*: "Mas a minh'alma está com o que vejo menos".[74]

Paul-Laurent Assoun reconhece dois sentidos do termo "olhar": por um lado, "o olhar é a ação de dirigir os olhos para algo ou alguém"; por outro lado, acrescenta que

> [...] o olhar também é outra coisa. Vale dizer, a expressão dos olhos, a forma de olhar e com isso de contemplar o mundo. Da mesma forma, não é apenas perceber, mas "prestar atenção", "considerar".[75]

---

[71] *apud* Deleuze, Gilles; Guattari, Félix. *Mil mesetas*.

[72] O que aqui definimos como *ver* é possível que, em outros recortes conceituais, seja identificado como *olhar*; não se trata do termo em si, mas do fenômeno que se quer designar com ele.

[73] Barcia, Roque. *Sinónimos castellanos*. Buenos Aires: El Ateneo, 1941.

[74] Pessoa, Fernando. *Oda marítima*. Caracas: Monte Ávila, 1977.

[75] Assoun, Paul-Laurent; Pons, Horacio. *Lecciones psicoanalíticas sobre la mirada y la voz*. Buenos Aires: Nueva Visión, 1997.

As várias práticas exigirão o predomínio da visão ou do olhar, dependendo de sua especificidade. O objeto a ser tratado requer o uso hegemônico de um sobre o outro. No caso da clínica orgânica, e, especificamente, durante o diagnóstico, o médico deve limitar a subjetividade de seu olhar, mas também pode se permitir olhar, colocando de forma instrumental sua capacidade de empatia e continência.

Um oftalmologista sentado diante de seu paciente, face a face, para inspecionar o olho doente, não deve fazer contato com o olhar. O olhar atrapalha a visão, está ali, entre a visão e a cegueira. Se o "médico de olhos" não evitar o olhar, ele não conseguirá alcançar o fundo do olho. Disposto a ver, a maquinaria que intervém depois dos aumentos de cristal permite-lhe chegar às profundezas do organismo.

O olhar é produtor de imagens; a visão é produto de percepções. Maurice Merleau-Ponty diz: "Ver é ter [algo] a distância";[76] olhar, no entanto, é livrar-se do espaço que nos separa, anular distâncias. A visão discrimina; o olhar incrimina. Na visão, predomina o objetivo; no olhar, o subjetivo.

O olhar é uma ponte entre a visão e a cegueira; quem olha se apoia no que é olhado.

A intensidade do olhar que a mãe mantém com seu filho nos braços nos motiva a refletir sobre o valor que o olhar tem na constituição do corpo e da gestualidade.

Olhar é uma forma de corporizar os olhos da criança. O encontro olho no olho, a fixação do olhar, é uma experiência gestante do corpo em unidade.

Enrique Pichon-Rivière, referindo-se a Jean-Paul Sartre, diz que este "inclui a presença do próximo, seu olhar, como fator constituinte. O corpo 'é sob o olhar do outro'".[77]

Embora, diante do recém-nascido, alguns adultos tentem, primeiro, ver, visão que inspeciona os órgãos, inventário de dedos, registro da cor dos olhos e outros detalhes, imediatamente depois dessa ação de

---

[76] Merleau-Ponty, Maurice. *El ojo y el espíritu*. Madrid: Trotta, 2013.

[77] Pichon-Rivière, Enrique; Pampliega de Quiroga, Ana. *Psicología de la vida cotidiana*. Buenos Aires: Galerna, 1970.

reconhecimento visual, de confirmação ou não das suspeitas que se tinham sobre o nascituro, o olhar se tornará mais generalizado.

A mãe não vê o filho, ela olha para ele. Esse olhar confirma que seu filho é o mais lindo do mundo. O olhar amoroso não vê, está entre a visão e a cegueira. Essa carga de subjetividade que diferencia o olhar da visão o coloca em uma produção humana difícil de substituir. O olhar, mais do que uma propriedade da vida orgânica, é uma construção corporal.

Devemos diferenciar, então, os problemas da infância que comprometem a capacidade de ver ou a de olhar.

* * *

Olhar me confere um lugar de onde percebo e me introduz na temporalidade, não apenas porque as pálpebras, como pêndulos de relógio, por um terço de segundo, cobrem os olhos de forma reiterada, mas porque olhar ocorre em um tempo subjetivado e subjetivante. Por sua vez, na medida em que olho, posso vir a ser olhado. Sartre diz:

> O olhar do outro me dá espacialidade. Perceber-se como olhado é descobrir-se como espacializante-espacializado. Mas o olhar do outro não é apenas percebido como espacializante: é também temporalizante.[78]

* * *

Vários jogos corporais colocam em construção a espacialidade e a temporalidade do corpo. A descontinuidade, a interrupção do olhar entre o adulto e a criança, constitui uma temporalidade que, na *brincadeira do paninho*[79] ou na do *Cadê? Achou!*, espacializa-se nesse "buraco" que o tecido cria sobre os olhos da criança.

* * *

---

[78] Sartre, Jean-Paul. *El ser y la nada.*
[79] N. do E.: no original, *juego de la sabanita.*

Olhar nos olhos um do outro pode ser o começo de tudo. De uma briga, de um amor, de uma amizade, de uma despedida, de uma brincadeira. Grande parte dos acordos é baseada no olhar.

* * *

O olhar é um gesto, o maior dos gestos. O olhar palpa, empurra, para, mantém, ultrapassa. Olhar é colocar o corpo.

* * *

A diferença entre espiar e observar é que o primeiro implica olhar pelo buraco da fechadura, e o segundo, abrir a porta.

Ao espiar, o outro não sabe que o veem; ao observar, o outro está ciente do fato. Ao espiar, dissimulamos, ocultamos o olhar franco, direto, pleno.[80]

* * *

Nós, que trabalhamos com crianças com deficiência, devemos aprender a olhar de forma plena, porque nos ensinaram a ver o erro de soslaio, a espiar em vez de observar ou de olhar. Fingir não ver é o pior dos olhares, porque invade sem estar presente.

* * *

O que é *estimulante* é alguém que se oferece para ser *olhado*, alguém que olha plenamente, alguém que renuncia na visão o foco na falta, para olhar o que está sem faltar.[81]

* * *

Meus olhos podem olhar porque são olhados; o olhar do outro qualifica meu gesto de olhar.

---

[80] Calméls, Daniel. Mosaicos de la observación, *mimeo*, 1993.

[81] Calméls, Daniel. *Cuerpo y saber*. Buenos Aires: Novedades Educativas, 2001.

O destino do olhar é traçado nos laços sutis do objeto olhado.

* * *

O olhar nasce do mistério, daquilo que resiste à percepção fácil. Olhar é uma busca, uma exploração, uma tarefa que começa em tenra idade, desde que exista alguém que cumpra a função corporizante. No caso de abandono ou de descuido, o olhar não se aprende, estagna-se perturbado, pois, se não houver um olhar fundador dos olhos que olham, estes, deslumbrados, desfalecem em luminosidade.

* * *

O olhar apaixonado está próximo da cegueira, porque quem olha não vê. Exemplos de apaixonados: o namorado e a namorada [em espanhol, *novio* e *novia*, respectivamente], que, ao forçar as palavras, lê-se *no-vi-o* ["não o vi"] ou *no-vi-a* ["não a vi"].[82] Quando os namorados se separam, eles não se dão conta das censuras feitas; quando o feitiço é quebrado, eles não dizem "*O que eu olhei nele(a)?*", mas "*O que eu vi nele(a)?*". O amor, porém, é reconhecido no olhar; o olhar apaixonado é generoso: "Quando a realidade visível parece mais bela do que a imaginada, é porque são olhos apaixonados que a olham".[83]

Atitude postural

Posição, postura e atitude postural

Embora, em outros idiomas, exista uma diferenciação entre os vocábulos *posição* e *postura* do termo *atitude*, na língua castelhana, eles funcionam como sinônimos.

---

[82] N. do T.: no original, "*Ejemplos de enamorados: el novio y la novia, que al forzar los vocablos se lee no-vio (novio), o la no-vi-a (novia).*". Aqui, o autor faz um jogo com as palavras em espanhol *novio* e *novia* e o verbo *ver* (na conjugação *vi* – pretérito perfeito) para afirmar que os apaixonados não se viram em razão da cegueira que esse sentimento causa. Optou-se por deixar o texto dessa forma, pois esse jogo de palavras se perderia em português.

[83] Cernuda, Luis. *Poesía completa*. Madrid: Siruela, 1994.

Atitude e postura

Algumas definições clássicas que contrastam ambos termos especificam que *postura* é "a maneira como nos apresentamos" e apontam que "a atitude fala: revela espírito. A postura é muda".[84] O termo *postura* foi usado por Wallon e outros pesquisadores em outro sentido, ligado aos processos emocionais e com a ideia de pesquisar o nascimento da representação, assimilando esse conceito ao de atitude.[85]

A atitude é uma "mobilização" que não se desloca no espaço. A atitude "pro-move", mas o termo "postura" não faz alusão ao movimento nem parece ter um claro caráter dinâmico,[86] mesmo que expressivo, quando se manifesta na atitude postural.

Posição

Classicamente, as *posições* referem-se à disposição do corpo no espaço. Destacam-se as seguintes: em pé, ajoelhado, sentado, em decúbito (dorsal, ventral, lateral),[87] suspenso etc. Nelas, predominam a quantidade de apoios e as áreas que entram em contato com o espaço. Isso significa que a posição não pode prescindir do fundo sobre o qual se apoia, tanto, que as variações dos apoios (em pé para sentado) nos fazem falar de uma mudança posicional.

Cada criança em particular passa por posições que considera mais confortáveis e que fazem parte do seu jeito. Em algumas, o estabelecimento de uma posição expressa uma dificuldade que vai para além dela, assumindo o lugar de um sintoma.

---

[84] Barcia, Roque. *Sinónimos castellanos.*

[85] Para aprofundar o conceito de diálogo tônico e de campo tônico postural, ver o Capítulo 4 deste livro (*A construção dos corpos e suas expressões de gênero*), escrito por Mara Lesbegueris.

[86] Em relação à postura, embora, na linguagem cotidiana, usemos como sinônimos, podemos dizer "atitude lúdica", mas não "postura lúdica".

[87] N. do E.: deitado (de costas, de barriga para baixo, de lado).

Postura

Na *postura*, porém, as formas que o corpo assume, os deslocamentos articulares, as diversas modificações dos eixos, não têm como fundo o espaço, mas o próprio corpo. O que interessa aqui não é tanto a quantidade de apoios, mas a sua "qualidade".

O corpo se apresenta em relação ao espaço em uma *posição*, ao passo que a *postura* se arma na disposição dos diversos segmentos corporais entre si.

Observar a postura que prevalece em uma criança é uma tarefa que nos dará indícios sobre como ela organiza seu campo perceptivo-práxico e qual é seu estado emocional-afetivo.

Horizontalidade e *verticalidade*. O corpo da *horizontalidade* é o corpo do prazer, mas também o da morte. Eros e Tânatos,[88] irmãos na horizontalidade.

O corpo da *verticalidade* é o sujeito pensante, o sujeito consciente, da última conquista filo e ontogenética. A elevação do homem o deixou com as mãos livres e a cabeça erguida.

O sujeito deitado é o homem da necessidade. Descansa, contempla, sonha, acomoda suas mãos como travesseiros sob a cabeça. As mãos do corpo que descansa têm pouco a fazer; seguram a cabeça sonhadora, cruzam-se ou brincam, acariciando o corpo. A horizontalidade se resume na cama, na qual passamos um terço da nossa existência. Mas o homem horizontal não conhece sobre o tempo racional.

O sujeito da verticalidade se eleva sobre as camas; é ele que acorda quem dorme.

Continua

[88] N. do E.: da mitologia grega, Freud se apropria dos nomes de Eros e Tânatos para exemplificar as teorias das pulsões, que explicam a formação psíquica de todos os indivíduos. Eros e Tânatos correspondem, respectivamente, ao desejo erótico e à atração pela morte, coexistindo simultaneamente. A ideia trazida pelo autor é a de que tanto o prazer (Eros) como a morte (Tânatos) são representados por corpos deitados.

Continuação

O corpo da verticalidade se mantem reto porque é sujeito da moral, da retidão.

Poucos heróis têm estátuas horizontais; mais que isso, quanto mais elevados estão, quanto mais erguidos, mais se alinham ao exemplo da ética e da moral.

A axiologia ordena os valores hierarquicamente de cima para baixo.[89]

As posições participam de acordos e códigos culturais. Os participantes da exibição de um filme tendem a estar *sentados*. Se escutam o Hino Nacional, eles se colocam *em pé*, a mesma coisa acontece quando estão diante de uma autoridade.

Dependendo do momento da vida, são recomendadas várias posições, que são indicadas pelos profissionais de saúde. É conveniente que a criança durma em *decúbito dorsal*, de boca para cima (três décadas atrás era recomendado o contrário). Há uma influência da Ciência em nossas posições.

Dentro dessas posições, atualmente, a postura que deve ser adotada não é tão legislada, embora tenha sido motivo de muita preocupação e doutrinação em décadas passadas.

A criança que, na instituição escolar, tinha que se levantar para cumprimentar a autoridade, também tinha que ficar em pé em uma postura "correta", com os braços ao longo do corpo, a cabeça estendida etc., junto com o apagamento de seus gestos de expressão.

Posições e posturas foram tomadas como um regulamentador disciplinar, representando uma ideologia particular da distribuição do poder.

Em muitas ocasiões, a normalização do corpo e do movimento em prol da saúde esconde o desejo de dominação. No que diz respeito ao corpo, uma cultura "ortopédica" persiste em se estabelecer nos âmbitos educacionais e até terapêuticos. A história nos mostra múltiplas tentativas autoritárias.

[89] CALMÉLS, Daniel. *Semiología de la actitud*: el cuerpo en la postura, *mimeo*, 1998.

A seguir, alguns parágrafos que se sobressaem:

> Um médico e pedagogo alemão que, partindo da consideração de que a criança é um ser criminoso e doente, entregou-se à tarefa de mostrar aos pais como educar e tratar seus filhos. Elaborou um sistema repressivo minuciosamente calculado com o objetivo de melhorar a sociedade e a raça. Dizia: "Não deve ser permitido que a criança fique meio inclinada ou se revirando: se a criança estiver acordada, ela deve ser mantida alerta, em pé, ativa e ocupada; de maneira geral, será removida de seu círculo de atividade qualquer coisa que possa levar à indolência e à preguiça (por exemplo, o sofá no quarto das crianças)".[90]

Esse médico alemão acreditava que as crianças só deveriam dormir na posição reta, de barriga para cima: as crianças com menos de quatro meses deveriam estar deitadas de costas enquanto dormiam. É importante, ele ensinava, começar quando elas são muito jovens, pois ele considerava mais difícil ensinar crianças mais velhas. Em seu livro *As posturas corporais e os hábitos perniciosos das crianças, incluída uma enumeração das medidas corretivas*,[91] ele apresentava, como evidência médica, sua falsa ideia de que, se uma criança ficar muito tempo deitada de um lado do corpo, esse lado pode ser danificado, "a nutrição é prejudicada", "o fluxo de líquidos é impedido", "o sangue para e se acumula nos vasos" e estes "perdem muito de sua tensão vital". Isso pode levar à paralisia do braço e do pé desse lado, dizia ele.

---

[90] SCHATZMAN, Morton. *El asesinato del alma*: la persecución del niño en la familia autoritaria. México: Siglo XXI, 1973.

[91] N. do E.: em tradução livre. Não há tradução oficial deste livro em português, e ele foi citado em espanhol como *Las posturas corporales y hábitos perniciosos de los niños, incluida una enumeración de las medidas correctoras*. Trata-se da obra em alemão: SCHREBER, Daniel Gottlieb Moritz. *Die schädlichen Körperhaltungen und Gewohnheiten der Kinder nebst Angabe der Mittel dagegen*. Leipzig: Fleischer, 1853.

> Ele também amarrava a criança à cama com um cinto com alças em forma de anel para os ombros, que passava sobre o peito. Seu propósito era garantir que o corpo da criança permaneceria ereto e em decúbito dorsal durante o sono. Impedia virar e deitar sobre ambos os lados.[92]

Esse médico alemão, Daniel Schreber (1808-1861), experimentou seu método em seus filhos. Um deles, que sofria de esquizofrenia e paranoia, foi estudado por Sigmund Freud e, mais detalhadamente, por Morton Schatzman em seu livro *El asesinato del alma* [*O assassinato de alma*, em tradução livre].

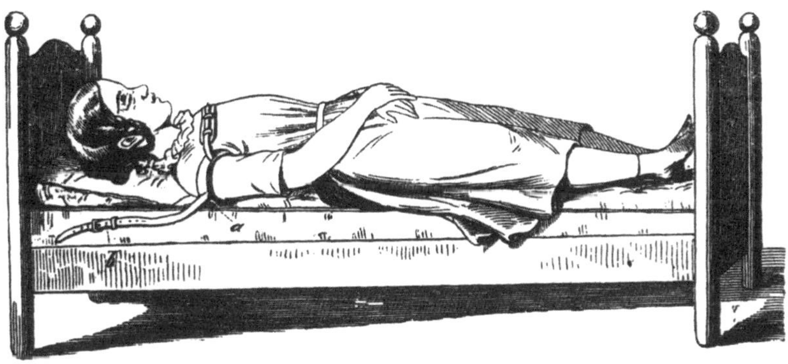

Fonte: Schatzman (1973).[93]

[92] Schatzman, Morton. *El asesinato del alma.*
[93] *Ibidem.*

Atitude postural

Empregaremos o conceito *atitude postural* para diferenciá-lo de outros usos do termo *atitude*. O acréscimo da palavra *postural*, embora tenha o caráter enfático, busca diferenciá-lo do uso comum que ele tem no campo da Psicologia, utilizado para se referir a fenômenos psicológicos (atitude psicológica). Da mesma forma, Julián de Ajuriaguerra, assim como Arnold Gesell, tem usado frequentemente o termo *atitude corporal* e, em algumas ocasiões, o termo *atitude postural*, decerto, com a intenção de reforçar seu suporte postural.

Arnold Gesell e Catherine Amatruda dizem que

> [...] entre atitude e ação não é possível traçar uma linha divisória clara. Toda ação pressupõe um mecanismo postural, e cada momento de um ato pode ser considerado como uma atitude postural momentânea, de modo que a atitude postural se torna uma ação postural.[94]

Atitude postural é a preparação para o movimento, a plataforma da ação por vir. A atitude é gesto condensado, sem desdobrar.

A atitude postural ainda não é um ato, mas detenção, movimento suspenso, espera, acomodação ao perceptível.

Entre a ideia e a ação, o atitudinal faz a mediação. A atitude é um movimento virtual. Na impulsividade, a atitude é escassa, ou não foi construída.

Com referência aos diversos transtornos de atenção, podemos dizer que são observadas dificuldades na manutenção postural e atitudinal necessária para fixar a atenção. Dificuldades para manter, em um primeiro momento, uma atitude de escuta e, em um segundo momento, dificuldades em fixar o olhar. Nessa direção, Tran-Thong define atenção como "a capacidade de manter a atitude".[95]

---

[94] Gesell, Arnold; Amatruda, Catherine. *Embriología de la conducta*. Buenos Aires: Paidós, 1972.

[95] Tran-Thong. La teoría de las actitudes de Henri Wallon y sus consecuencias educativas. *In*: Laboratoire de Psycho-Pédagogie, Université de Caen. *Introducción a Wallon*: Wallon y la psicomotricidad. Barcelona: Médica y Técnica, 1981. v. I.

* * *

Diremos, então, que a atitude postural é um movimento parado, um movimento interno que organiza o corpo. A atitude postural resume o movimento passado e anuncia o movimento futuro.

Dentro da atitude postural, há ação; dentro da ação, há atitude.

A disposição arma uma posição adequada para a ação.

Poderíamos pensar a disposição em termos de atitude.

A atitude é a plataforma do gesto, é um gesto virtual. A atitude postural anuncia e enuncia. A postura fala na atitude.

Como pré-gesto ou pré-movimento, a atitude articula o movimento e a postura. A atitude "formata" a postura. Vários problemas posturais são causados por uma atitude postural sustentada.[96]

* * *

Não apenas o aspecto atitudinal nos fornece informações sobre os movimentos ou os gestos, mas também uma segunda leitura do atitudinal (tanto o gesto quanto o pré-gesto) nos fornece informações sobre as emoções do sujeito. Wallon diz a respeito: "Gesto e atitude são os expoentes do estado emocional interno, que, ao ser captado pelo outro, configura-se em um código de comunicação".[97]

Nessa direção se propunha a tarefa dos pintores e escultores. Leonardo da Vinci, com o título *De las actitudes de las figuras* [*Das atitudes das figuras*, em tradução livre], recomenda que "a atitude das figuras deve ser posta com tal disposição de membros, que ela mesma dê a entender a intenção de seu espírito".[98]

---

[96] N. do E.: no original, *actitud postural sostenida*. Uma *atitude postural* é a preparação para uma ação que pode ser insinuada na postura. *Sustentada* é quando, por algum motivo, a ação se demora ou se adia, e a criança continua se preparando para algo que, por motivos diversos, não se resolve na ação, no movimento, não se realiza.

[97] WALLON, Henri. *Kinestesia e imagen visual del propio cuerpo en el niño.*

[98] DA VINCI, Leonardo. *El tratado de la pintura.* Buenos Aires: Las Américas, 1945.

O termo *atitude* vem do campo da Arte e foi apresentado pela primeira vez por críticos de arte italianos, para evocar "uma certa disposição da alma".[99]

* * *

Tran-Thong, em uma leitura organizadora da obra de Wallon, diferencia dois aspectos das atitudes, a saber: as *atitudes afetivas*, às quais ele atribui uma "função de expressão", e as *atitudes motoras e perceptivas*, que têm uma função de, por exemplo, "acomodação dos músculos diante do movimento" (atitude motora) e "acomodação dos órgãos sensoriais diante da percepção" (atitude perceptiva).[100]

Podemos pensar a atitude postural em uma dupla direção:

1. *Atitudes afetivas, função de expressão*: sinais corporais que manifestam o estado emocional afetivo.
2. *Atitudes motora e perceptiva*:
   - *Atitude motora, acomodação dos músculos ao movimento*: direcionado para o exterior, ponto de partida da ação.
   - *Atitude perceptiva, acomodação dos órgãos sensoriais diante da percepção*: preparação do corpo de acordo com o campo perceptivo.

Nesse sentido, o que se produz no plano expressivo deve ser diferenciado do plano motor: chamarei *gestos expressivos* as primeiras produções, e *movimentos* ou *praxias* (segundo a estrutura e a complexidade da ação) as segundas.

* * *

Poderíamos dizer que as crianças têm uma leitura muito clara das atitudes das outras crianças e dos adultos ao seu redor, e que parte da aceitação e da rejeição dos outros se baseia em leituras sucessivas do plano atitudinal, e não tanto do plano das ações. Da mesma forma, fora dos

---

[99] Paillard, Jacques; Fraisse, Paul; Meili, Richard. *Psicología de las actitudes*. Buenos Aires: Proteo, 1967.
[100] Tran-Thong. *La teoría de las actitudes de Henri Wallon y sus consecuencias educativas*.

padrões do esperado, em alguns transtornos da infância, é difícil para a criança interpretar o atitudinal. Isso fica evidente em algumas brincadeiras que exigem uma leitura do momento e do tipo de ação que o companheiro vai realizar, como ocorre nas brincadeiras de perseguição: piques, queimada[101] etc. A dificuldade também reside em reconhecer no corpo os estados emocionais do parceiro. Ambas as interpretações, a da ação a ser desenvolvida, por vir, e a do estado emocional, são aprendizagens que nao têm um ensino explícito.

* * *

É impressionante observar em uma pessoa o "apagamento" atitudinal, a falta de expressividade ou de "ação no corpo", já que a atitude é um sinal constante das intenções de um sujeito.

Faz-se necessário dizer que não me refiro apenas a uma atitude consciente, mas a formas de se posicionar que escapam à consciência do sujeito que a carrega.

* * *

Outro aspecto não menos significativo é o do tônus muscular. A atitude é baseada na distribuição e na regulação do tônus muscular.

Devemos descartar uma associação simplista, que vincule de forma unívoca o aumento ou a diminuição do tônus com bem-estar ou com mal-estar, com agressividade ou com comunicação. A hipertonia do desejo e a hipotonia da satisfação do recém-nascido não devem

[101] N. do E.. no original, *manchas, quemado*. *Manchas* são semelhantes às brincadeiras chamadas piques ou jogos de pega-pega, em que uma das crianças deve correr atrás de outra(s) e pegá-la(s), o que pode ser feito em qualquer lugar, com exceção de um ponto, escolhido de comum acordo, onde se está a salvo, por exemplo: pique-pega (pega-pega), pique-esconde (esconde-esconde). *Quemado* refere-se ao jogo conhecido no Brasil como queimada, disputado entre duas equipes, com número variável de jogadores, geralmente mais de seis, com uma bola de borracha, que consiste em atingir o adversário com um arremesso da bola, sendo o jogador atingido eliminado da partida. Caso o jogador consiga agarrar a bola sem que ela o atinja, segue o jogo. Vence a partida a equipe que conseguir eliminar todos os jogadores do time adversário.

ser modelo (ou molde) para a leitura do tônus e da atitude da vida da criança e do adulto.

Muitas crianças que vão a uma consulta de psicomotricidade apresentam uma hipotonia que está longe de expressar um estado de satisfação, ou uma hipertonia que já deixou de ser um desejo.

Gestos expressivos

O gesto expressa o que está impresso nele. Tratarei do tema da gestualidade tentando me distanciar das posturas clássicas que atribuem um significado único ao gesto, sem sondar sua gênese e suas transformações.

Usarei a denominação *gestos expressivos* para me referir às ações que têm um sentido na expressão e na comunicação humana. Os gestos expressivos não têm a intenção direta de transformar ou deslocar um objeto, sendo movimentos que não tendem a produzir marcas utilitárias nem a constituir praxias em geral.[102]

Utilizar o termo *expressivo* acompanhando a palavra *gesto* tem o objetivo de retirá-la do uso frequente, em que se utiliza o termo *gesto* referindo-se a uma destreza, uma habilidade ou um aprendizado de uma praxia.

Partimos da ideia de que a expressividade não é um dom que carregamos impresso nem um mandato genético. Um gesto expressivo não é um *reflexo* nem uma *praxia*. *Reflexos*, *gestos* e *praxia* têm como matéria-prima em comum o *movimento*, mas mantêm entre si diferenças essenciais. É verdade que alguns reflexos e algumas respostas-sinal se transformam em gesto expressivo, mas os reflexos e as sinergias não constituem um *gesto expressivo* em si até serem codificados por outro e passarem a constituir um *signo* na trama comunicacional.

A gestualidade expressiva não é um mero colocar para fora algo que está dentro de si como uma carga orgânica. A gestualidade é gestada,

[102] Também não incluímos em gestos expressivos os tiques nervosos ou movimentos que tentam disfarçar ou impedir um tique nervoso.

incorporada conforme ganha sentido diante do outro. Dotar um movimento de qualidade expressiva implica uma codificação diferente dos códigos genéticos; são os códigos da comunicação corporal, produtos da troca humana. O corpo é um produto da cultura. Imprimir no organismo a função e o funcionamento de um gesto não é uma tarefa individual, mas, sim, uma tarefa "inter-ativa" e coletiva. O significado de um gesto parte de outro que o codifica.

Para o profissional que atua na área da prevenção, o estudo e a análise dos gestos da criança, bem como o conjunto de expressões corporais, são um importante instrumento de diagnóstico precoce e intervenção profissional.

Gênese

Como são criados os gestos expressivos? Eles são construídos na relação? Fazem parte de um legado genético?

Encontrei pelo menos dois modelos na formação da gestualidade, que resumirei como *ações reflexas* e como *ações inconclusas*. Ambos os modelos são acionados para a construção de um gesto, com base na intervenção do adulto.

1. *Ações reflexas*: o conjunto de movimentos gerados por um reflexo cuja função original nao é expressar ou comunicar, e que, no desenvolvimento da corporificação, são resgatados, conquistados, como gestos significantes e incorporados ao patrimônio cultural.
2. *Ações inconclusas*: ações inacabadas, que não atingem sua intencionalidade, e ficam suspensas ou transformadas em outra ação ocasional, ganhando identidade e sentido diante da intervenção de outro que a codifica.

Vou dar um exemplo de cada modelo, um referente à posição da cabeça, e outro, ao gesto indicativo.

Posições da cabeça

Vou me referir aqui a um fenômeno comum nos primeiros anos de vida, quando prevalecem as respostas reflexas no comportamento.

Daniel Stern escreve:

> De qualquer forma, o fato de virar o rosto pode ser considerado como parte de um padrão inato de evitação, que o recém-nascido manifesta quando um objeto se move em direção ao seu rosto. Virar o rosto, como o examinamos aqui, é uma derivação ulterior desse reflexo, ao qual foi atribuída uma função social.[103]

O uso frequente na vida adulta do ditado "virou a cara", referindo-se a um gesto negativo, um desprezo, tem sua origem em um reflexo dos primeiros anos de vida. Embora, originalmente, fosse uma proteção para evitar danos à face, quando ela passa a ter uma "função social", essa função de evitação do reflexo concentra-se no afastamento do olhar. "Virar a cara" é uma expressão extrema de desviar o olhar de alguém que nos perturba.

Nas crianças com patologias que afetam a comunicação, cujos movimentos não foram corporificados, carregados pelo sentido que mantêm na comunicação e na expressão humana, esse gesto pode ser substituído por uma evitação do olhar sem modificações na posição da cabeça. Os olhos da criança mudam de posição, evitando o encontro com o olhar. Elas podem olhar para cima ou mudar para os lados. Parece que o gesto de evitação, que é "virar o rosto", não foi integrado como um sinal de rejeição.

Em algumas crianças, observa-se um olhar que atravessa o outro, um olhar que não para nem se dirige a nenhum ponto, com o qual ele perde os atributos da visão e do olhar.

---

[103] Stern, Daniel. *La primera relación.*

Gesto indicativo

Um exemplo marcante de ações inacabadas é o gesto de apontar com o dedo indicador, analisado por Vygotsky com o nome de *gesto indicativo*. Vygotsky argumenta que o primeiro gesto indicativo da criança:

> [...] nada mais é do que um movimento de agarrar malsucedido. A criança estende o braço em direção a um objeto distante, mas não consegue alcançá-lo, o braço continua estendido em direção ao objeto. É um gesto indicador no sentido objetivo da palavra.[104]

Seguindo Vygotsky, podemos observar que, em algumas ocasiões, a intencionalidade de pegar um objeto é frustrada, os movimentos que são empregados para pegar um objeto são insuficientes para acessá-lo. A mão da criança fica na direção do objeto, posicionada de uma maneira particular, o indicador e o polegar ficam estendidos. O adulto que observa a criança atribui às suas ações o valor de um *gesto expressivo*. Ele pega o objeto apontado por ela, dando a essa extensão de seu braço o valor de um movimento com significado, isto é, de um gesto.

Vygotsky diz: "Não pode influenciar o objeto, mas pode influenciar as pessoas ao seu redor".[105]

A criança, então, constrói, dessa forma interativa, o delicado gesto de indicar o que se deseja com o dedo indicador estendido, para que o adulto pegue para ela.

Jaime Labastida situa o ato de indicar com o dedo indicador estendido e a indicação com a mão direcionada para um objeto como integrantes do primeiro uso, do primeiro sistema de sinais,[106] antes mesmo que o indicador se torne um sinal de indicação, como era representado em gravuras antigas ou como é usado atualmente na internet.

---

[104] Vygotsky, Lev. *Psicología infantil*.
[105] *Ibidem*.
[106] Labastida, Jaime. El lenguaje de la ciencia. *Plural*: Revista Cultural de Excélsior, México, n. 270, mar. 1994.

Em algumas crianças com características autistas, esse gesto está ausente e parece ser substituído por uma ação em que a criança pega a mão do adulto e a conduz em direção ao objeto desejado. A ausência desse gesto constitui uma das manifestações corporais em falta. A criança conta com o mecanismo mental que reconhece no outro a possibilidade de acesso ao objeto de que necessita. Sabe, também, direcionar a mão do adulto, que percebe o seu desejo. Ela faz um gesto com o corpo do outro, mas não pode construí-lo em seu próprio corpo, o qual não está habilitado:[107] não há corpo que indique, não há dedo indicador que se dirija para o objeto.

O gesto indicativo será o precursor de qualquer elemento que permita estender o corpo em direção a um objetivo, desde uma arma a um ponteiro. É um gesto comum que as crianças atirem com o "cano" do dedo indicador junto com o polegar estendido, enquanto flexiona o restante dos dedos. O gesto indicativo é um "índice" de corporalidade.

* * *

Gestos expressivos, em grande parte, são expoentes da limitação humana. Nascem de um ato de evitação, de carência, de impossibilidade, de surpresa, de rejeição.

É na materialidade corpórea dessa limitação que se faz necessária a presença do outro, que, em sua assistência, compressão e colaboração, confere um conjunto de movimentos sem destino à categoria de signos.

O corpo em geral e a gestualidade em particular são colocados no campo do "natural".

Podemos falar da origem e da natureza do gesto, mas não podemos dizer que é natural, atribuindo-o a uma ordem de natureza orgânica. Se o gesto é natural, é porque nasce da necessidade e, portanto, revela-nos ou a natureza humana, ou nos lembra dela, cuja condição essencial é a necessidade do outro, como provedor de suporte e de acompanhamento.

---

[107] Não se trata de "habilidade para", não é um *deficit* motor, mas o resultado de um processo de corporificação, que habilita a criança à comunicação.

Desde a tenra idade, o dedo indicador participa ativamente da construção de linhas. Isso acontece ao passar a ponta do dedo sobre uma superfície sensível ao tato ou coberta com uma matéria macia, como vapor depositado no vidro, areia, manchas de comida no prato etc. A criança transforma o dedo em um instrumento de escrita que traça na superfície o comprimento de uma linha em profundidade. No início da escrita escolar, esse dedo continua estendido ao longo do lápis, sobrepondo-se ao instrumento.

Rir-sorrir

> Um aspecto importante do desenvolvimento da criança está destacado sob o título de "identificação". É possível que, de forma bastante precoce, o pequeno demonstre sua capacidade de identificação com a mãe. Existem reflexos primitivos que se pode dizer que formam a base dessas facetas do desenvolvimento; por exemplo, quando a criaturinha responde aos sorrisos com outro sorriso.
>
> Donald Winnicott
> *El processo de maduración en el niño*

O sorriso, junto com o olhar, são as primeiras manifestações de expressão e comunicação facilmente reconhecidas pelo ambiente.

O *sorriso* é detectável, em primeira instância, em sua forma "fisiológica", ou seja, surgindo de uma satisfação de origem orgânica e, posteriormente, como resposta a um sinal constituído pela *gestalt* do rosto do adulto. Isso é confirmado por estudos realizados por René Spitz.[108]

[108] Spitz, René. *El primer año de vida del niño*. Madrid: Aguilar, 1973.

Diferentemente do *sorriso*, o *riso* não aparece no início da vida, não tem uma etapa de formação endógena, mas é produto da relação.

Sara Pain se pergunta: "*Como se origina o riso? Como se origina a gargalhada?*", afirmando posteriormente: "É [também] na inter-relação, que só pode ser explicada na ordem do desejo, e não do conhecimento".[109]

O riso da criança pequena difere marcadamente do riso dos adultos e, até mesmo, da criança em idade escolar. O riso da criança pequena nasce do ventre e se espalha até a boca. É uma risada que abala a vida orgânica.

Henri Wallon escreve:

> Seu riso e suas lágrimas começam tendo um ponto de partida abdominal antes de nascer em seu rosto e, finalmente, de iluminá-lo ou escurecê-lo em silêncio. A região ativa de sua fisionomia é a boca, ao passo que no adulto se desloca para os olhos e para a testa. Ao mesmo tempo, a emoção está espiritualizada.[110]

O riso em adultos nasce na boca e se propaga para os olhos. Os olhos de quem ri são empobrecidos em sua capacidade visual.

Na criança, essa natureza "digestiva" do riso preserva os olhos para poder ver.

Quando o adulto ri intensamente, costuma levar suas mãos à barriga. Esse segurar a barriga poderia representar a marca de origem, dando-nos uma indicação de que, no riso, o envolvimento abdominal não terminou completamente. De maneira análoga, um recurso frequente dos cartunistas é acompanhar o riso de seus personagens com uma segurada na barriga.

Sara Paín fala da gargalhada *sinistra* de crianças abandonadas nos abrigos: "eu as imagino segurando forçadamente suas barrigas com as duas mãos, e rindo".[111]

---

[109] Paín, Sara. *Subjetividad/objetividad*: relación entre deseo y conocimiento: Buenos Aires: Unsam, 2008.

[110] Wallon, Henri. *Los orígenes del carácter en el niño*. Buenos Aires: Nueva Visión, 1979.

[111] Paín, Sara. *Subjetividad/objetividad*.

Os adultos cultivam o riso da criança com sementes gestuais. Se o riso é alcançado primeiro com o contato, depois, com a ameaça de cócegas, a antecipação do gesto é o que produz o riso. As mãos parecem ameaçadoras, marcam, indicam o rumo que o movimento dos braços vai tomar, a palavra complementa o gesto: "*Te peguei!*" ou "*Agora você vai ver...!*".

A provocação do riso deve contemplar intensidade e continuidade. Wallon nos mostra como a excitação periférica

> [...] pode provocar sucessivamente riso e choro, ou seja, expressões que correspondem a duas etapas opostas da sensibilidade afetiva. Basta que desenvolva, por sua repetição, mais tônus do que o organismo pode resolver em reações imediatas ou suportar sua tensão crescente.[112]

Esse salto dialético, essa passagem do riso ao pranto, produz-se pelo acúmulo de tensões produzidas pela estimulação do adulto. Isso poderia ser um exemplo para se pensar o significado da estimulação no cuidado parental: a estimulação nem sempre é favorável.

* * *

O sorriso ilumina o olhar, confere-lhe a qualidade de uma ponte. O riso, em contrapartida, faz que os olhos se perturbem, saltem dentro de suas órbitas. Se, ao rir, for necessário continuar olhando, um movimento inusitado nos olhos de quem ri poderá ser observado. Embora, na maioria dos casos, o riso exaltado anule a capacidade de olhar. Na criança, porém, como já dissemos, o riso tem um ponto de partida abdominal antes de nascer em seu rosto, o que permite que dure mais tempo sem alterar seu olhar.

A mãe, sorrindo, ensina à criança que vale a pena olhar o mundo. O aparecimento contínuo e repetido do rosto sorridente no campo visual da criança vai construindo o desejo de olhar rostos. Se o sorriso se instala como marca do rosto, a seriedade é lida como um "sem sorriso" que realça ainda mais o rosto sorridente, como prenúncio de alegria.

---

[112] WALLON, Henri. *Los orígenes del carácter en el niño.*

Então, o sorriso é vivenciado como uma serena confluência de olhares, como um acordo gestual que funciona como um espelho de duas faces.

O sorriso convida a olhar, faz da boca um arco-íris que irradia sua luz para o resto da face. O riso, porém, aproxima-nos da paixão, da convulsiva e explosiva luminosidade. O sorriso ilumina por irradiação; o riso, por explosão. Seu exemplo é uma gargalhada, que irrompe e, depois, desaparece abruptamente.

Para desfrutar do riso, é necessário ser previamente apresentado ao sorriso. É ele que lentamente nos aproxima da paixão do riso. Se a criança recebesse apenas risos, se lhe faltasse o caminho que abre o sorriso, iria se assustar, perderia referências, seria um espectador passivo de uma cena estranha e incompreensível. Sorrir abre as portas.

O sorriso conecta o olhar, o riso o desconecta parcialmente, torna-o intermitente. No sorriso, há uma tensão lenta, um encaixe com o outro rosto. No riso, há descarga, que se valida como gesto expressivo em um ambiente de pessoas que riem. Quem ri sozinho gera questionamentos, associa-se à loucura.

Aprendendo a sorrir

Na cultura japonesa, e na cultura oriental em geral, mostrar emoções é falta de educação; daí a famosa seriedade asiática. Os olhos, porém, não mentem, e é por isso que os japoneses sorriem mais com os olhos do que com a face. Isso, de acordo com Masaki Yuki, pesquisador de Ciências Comportamentais da Universidade de Hokkaido, no Japão. Yuki descobriu que os japoneses olham nos olhos para determinar o estado emocional de seu interlocutor, ao passo que os norte-americanos prestam mais atenção à boca.[113]

[113] PÁGINA/12. Buenos Aires: Radar, año 11, n. 657, 22 mar. 2009. Suplemento.

Choro

> Segundo o filósofo francês Henri Bergson (1859-1941), o humor nasce da desproporção. O que causa o riso é aquilo que transgride o ritmo cotidiano da vida, o desajuste ínfimo, o "des-localização" espaçotemporal ou temática, a descontextualização.[114]

Essas não são causas aparentes do choro, mas poderiam ser. Já vimos que o riso e o choro se encontram, às vezes, em um limite difuso que produz um salto qualitativo, uma passagem de um estado a outro. Segundo Georges Bataille, "o riso não é, na medida em que parece ser, o contrário das lágrimas: tanto o objeto do riso como o das lágrimas estão ligados a um tipo de violência que interrompe o curso regular, o curso habitual das coisas".[115]

Diante da necessidade de diferenciar as diversas formas sob as quais se apresenta o choro da criança, busquei um parâmetro que servisse de ponto de referência. Encontrei na respiração um guia que nos ajuda a pensar os vários fenômenos que são chamados de choro. Delimitarei apenas alguns deles.

- *Surpresa*: acontece diante de uma situação inesperada, que altera o ritmo e produz temor do desconhecido. Como no sobressalto ou no susto, o ar é retido, e a respiração é temporariamente suspensa. Também pode ocorrer no caso de uma queda, um tropeço. É um choro que responde a uma causa evidente, que, em geral, acalma à medida que obtém interesse e apoio do adulto. Às vezes, os recursos são abraços, beijos, carícias, e, quando há um machucado, aplica-se o clássico "*Pronto, pronto...*".

---

114 PIGNOLI, Giorgio; ROSENBERG, Lucio; ALTMANN, Kenneth. *Diccionario de estética*. Buenos Aires: Quadrata, 2003.
115 BATAILLE, Georges. *Breve historia del erotismo*. Montevideo: Caldén, 1970.

- *Protesto*: é um grito direcionado, de curto alcance, que tende a se cansar ou a se transformar. Tem um destino, apela às emoções dos adultos. Mantém uma troca aeróbia com os processos respiratórios. John Locke considera o choro da criança "uma declaração de seus direitos". Ele diz que, muitas vezes, a criança usa as lágrimas para expressar seus títulos, seus direitos ou suas pretensões. O filósofo também as chama de "uma espécie de protesto contra a injustiça e a tirania daqueles que lhe recusam o que [ela] quer".[116]
- *Contágio*: o choro contagioso é desencadeado por um referente, em geral, um par, que está chorando por perto. Antonio Porchia nos diz que "mais pranto do que chorar é ver chorar".[117] Sinais comuns são umidade nos olhos, bem como ligeira alteração na respiração, da qual se pode esperar alguns suspiros. É, em si, um estado potencial de choro, portanto, não se desdobra em sua totalidade. Não se trata de imitação, mas de contágio, tão involuntário e corporal quanto o recurso utilizado pelas mães, denominado por Manuel Pérez Sánchez como o método "de abrir a torneira para que as crianças um pouco mais velhas façam xixi".[118]
- *Reclamação*: caracteriza-se por ter um ritmo mais ou menos constante, no qual se alternam choros e pequenos lamentos, evidenciando um estado de angústia. Tem longa duração e respirações evidentes, que acompanham o ritmo. Pode estar presente em doenças crônicas acompanhadas de dor.
- *Birra*: sua estridência choca o espectador; a respiração é questionada. Às vezes, é anaeróbia, com falta de oxigênio; chega-se ao espasmo pelo choro.

---

[116] *apud* Tarcov, Nathan. *Locke y la educación para la libertad*. Buenos Aires: Grupo Editor Latinoamericano, 1991.

[117] Porchia, Antonio. *Voces*. Buenos Aires: Hachette, 1978.

[118] "O bebê responde ao barulho da minha garganta ou ao som da água, não por um processo de imitação, mas, sim, como uma resposta corporal ao som – da mesma forma temos que entender o fato de as mães usarem o método de abrir a torneira d'água para as crianças um pouco mais velhas fazerem xixi: não é copiar, mas dar uma resposta corporal involuntária." (Pérez-Sánchez, Manuel. *Observación de bebés*. Barcelona: Paidós, 1981.)

Suspiro

> Depois de pesar tudo, sei que um suspiro não pesa nada.
>
> Antonio Porchia
> *Voces*

O suspiro nos alivia, descarrega, desafoga. É um ar, uma respiração, um sopro.[119]

Um suspiro implica uma demanda por ar. A necessidade de entrar ou expelir uma quantidade de ar maior que o normal é uma forma de autorregulação da vida orgânica. Ao mesmo tempo, pode ser lido como um sinal de nostalgia: essa falta ou essa necessidade de ar parece lembrar uma ausência. Acumular, reter, soltar: é o que dura um suspiro.

Há um instante no suspiro em que o mundo para. Há um momento em que a lembrança se torna gigantesca. O ar nos traz os ecos distantes, essa rajada que foi aspirada já esteve em outros pulmões.

Diz uma voz anônima: o suspiro é "ar que lhe sobra de alguém que lhe falta".[120]

Quando você sai de uma fixação ocular profunda (aquelas em que a pessoa está "viajando"), costuma surgir um suspiro. Tenta-se restaurar o oxigênio que falta? O suspiro é o aparecimento de uma lembrança que atualiza a consciência?

---

[119] "'Suspirar' é composto de duas palavras, também latinas: '*sub*' e '*spiritus*', entendendo por espírito o que os gentios entendiam: ar, respiração, sopro." (Barcia, Roque. *Sinónimos castellanos*.)

[120] Dito por um ouvinte de Alicia Barrios, apresentadora de um programa de rádio. Buenos Aires, julho de 2007.

Dar as mãos

As mãos unem-se, conectam-se, acoplam-se, contatam-se em diversas circunstâncias.

O poeta Francis Ponge se pergunta: "Por que, em nossa região, esfregar as mãos é o sinal favorito de satisfação, até mesmo, de júbilo interior?".[121]

Assim, um "poeta analista" da vida cotidiana atribui à fricção das palmas um sentido orientado à alegria, ao deleite, à satisfação. Ao contrário de outros movimentos, não podemos atribuir uma origem muito primitiva à fricção das mãos.

O reflexo tônico cervical assimétrico proporciona ao bebê a conexão do olhar com uma de suas mãos e, portanto, com a parte ativa de um hemicorpo, a mão e os dedos. "Percebe cada vez uma mão e um hemimundo", dirá Lydia Coriat,[122] ressaltando a possível microdensidade de suas experiências corporais e, ao mesmo tempo, a impossibilidade de um olhar descentralizado, frontal em expansão, livre do reflexo.

Do olhar parcial, da percepção parcial e lateral do corpo e do ambiente, acessa-se a operabilidade no campo da linha média, construída quando as mãos da criança se encontram e entram em contato uma com a outra.

Lydia Coriat escreve:

> As mãos que se unem estabelecem uma linha divisória entre ele e o ambiente, como se, encerrando-o em si mesmo, afirmasse sua qualidade de ser individuado, unificado ao reunir as duas metades que o constituíam anteriormente.[123]

Coriat ressalta o comportamento espacial, a ligação das mãos constitui uma linha divisória entre a criança e o ambiente. Essa união das mãos "afirmará sua qualidade de ser individuado, unificado à medida que as duas metades se reúnem".[124]

---

[121] PONGE, Francis. Al jabón. *In*: PONGE, Francis. *Antología*. Chile: Lar, 1991.

[122] CORIAT, Lydia F. *Maduración psicomotriz en el primer año del niño*. Buenos Aires: Hemisur, 1974.

[123] *Ibidem*.

[124] *Ibidem*.

O termo *individuado*, utilizado nessa citação, proveniente de *indivíduo*, significa *indiviso, indivisível*; o termo "indivíduo" refere-se a uma unidade. A criança que junta as mãos afirma-se nessa unidade.

Voltando à pergunta de Francis Ponge, com a qual abrimos esta seção, encontramos em sua própria resposta uma interpretação semelhante à apresentada anteriormente, de um campo diferente de acesso ao conhecimento. Respondendo à pergunta, no ato de esfregar as mãos, Francis Ponge encontra um signo "de uma espécie de fechamento, satisfatório por si mesmo, da identidade corporal, comparável ao que o cachorro tenta quando quer morder o próprio rabo".[125]

As mãos e os braços continuarão funcionando no campo da gestualidade expressiva de diferentes maneiras. A criança mais velha, diante de um incômodo que altere seu equilíbrio, unirá os braços em contato próximo, ou seja, cruzando os braços, destacando gestualmente a presença de uma unidade e, até mesmo, de um fechamento, como se os braços cruzados fechassem todo acesso à fortaleza egoica.[126]

Braços e mãos serão, na vida adulta, um símbolo de luta, de unidade, de constância, de colaboração. Levantar os braços é render-se, e seu contrário, "assentar o braço em". Assim também "dar uma mão" ou "dar de mão".[127]

A união das mãos é um vínculo que constitui também uma primeira experiência de agarrar com reciprocidade, ou seja, o ato de pegar as mãos permite sentir-se em uma ação de simetria funcional, confirmando um espaço circular, fechado, e para cuja ação posteriormente será feito um culto metafórico da união (no brasão de armas da República Argentina, as mãos dadas são símbolo de união).

* * *

---

125 PONGE, Francis. *Antología*.

126 N. do E.: no original, *yoica*. Refere-se ao conceito de *ego* da psicanálise. As três instâncias que compõem o aparelho psíquico são o *id*, o *ego* e o *superego*.

127 N. do E.: no original, "*Bajar los brazos es rendirse, su contrario: luchar a 'brazo partido'* [lutar apenas com os braços, sem o uso de armas]. *Así también 'dar una mano' o 'estar a mano'* [estar quite]".

Em um texto da Índia, uma grande saga de 23 volumes chamada *Mahābhārata*,[128] a voz de um lago e Yulistia conversam. A voz do lago pergunta, Yulistia responde:

– Dê-me um exemplo de derrota.

– A vitória.

– Dê-me um exemplo de dor.

– A ignorância.

– Dê-me um exemplo de espaço.

– Minhas duas mãos como uma.

* * *

Durante a observação desse ato de dar as mãos, Wallon observou algum sinal de surpresa. Aliás, não é a mesma coisa entrar em contato com outra área do corpo que não responde com reciprocidade anatômica. O contato com outras áreas do corpo, com exceção da boca, outorgará à mão um papel ativo preponderante, entretanto, o encontro de uma mão com a outra colocará ambas em uma situação ativa, sobretudo interativa, e talvez seja isso o que gera a surpresa, a interatividade de duas áreas do corpo duplicadas, que são descobertas em suas semelhanças anatômicas e em suas diferenças funcionais.

Henri Wallon escreve: "o que surpreende o bebê quando ele pega uma mão com a outra, não é a dualidade nem a sua semelhança, são os efeitos do contato, sentido duplamente diferente nas duas mãos".[129]

Gestos rituais

Trabalhei com a hipótese de que há gestos que não apenas ganham destaque no cotidiano, mas se projetam em cerimônias, rituais, cultos.

[128] O *Mahābhārata* é um texto sagrado, é a maior das obras escritas em sânscrito e contém todo o conhecimento religioso da Índia. Provavelmente, foi escrito a partir do século IV a.C. ao século IV d.C. Seu nome significa *A grande história do povo da Índia*.

[129] Wallon, Henri. *Los orígenes del carácter en el niño*.

Gestos que, tendo sua origem no vínculo inicial, alcançam uma projeção social, funcionando como um enlace, ligando-nos a um grupo, a uma comunidade de crenças. Gestos que servem de modelo para a construção da gestualidade cerimonial que o culto utiliza em suas cerimônias religiosas. Refiro-me a rudimentos gestuais que são antecedentes de uma futura gestualidade religiosa, devota. Esses gestos são: (a) erguer os braços; (b) elevar o olhar; (c) juntar as palmas das mãos; (d) aplaudir.

Gestos destinados e referidos a um ser superior, pela sua gestação (pais/deuses) e pela sua localização espacial.

a. *Erguer os braços*: gesto dirigido a um adulto, nas crianças, tem o significado de um pedido. É um gesto que tende a modificar uma situação postural, anuncia um encontro, sugerindo um abraço.[130] É um gesto que fica suspenso na atitude postural de solicitação, criando uma tensão que se resolve quando a criança é levantada. É um gesto que, no momento de resolução, é complementado pela atitude do adulto. O gesto da criança de erguer os braços é construído complementando, correspondentemente, o gesto do adulto, que estende os braços na direção da criança para tomá-la em seus braços. Podemos diferenciar "erguer os braços" e a atitude de se preparar para ser erguido. Na preparação, há uma elevação dos ombros, um aprofundamento[131] das axilas; o corpo é disposto atitudinal e posturalmente, para que as mãos do adulto o segurem. Diferentemente de levantar os braços, que é um gesto contundente de uma solicitação explícita, preparar-se para ser erguido é mais postural, atitudinal. A atitude é uma expressão claramente temporária, de espera. Às vezes,

[130] Temple Gandrin inclui, em um questionário chamado *Lista de verificación diagnóstica para niños con trastornos de la conducta* ["Lista de verificação diagnóstica para crianças com transtornos comportamentais", em tradução livre], a possibilidade de esse gesto aparecer entre quatro e oito meses. "A criança estendia os braços ou se preparava para ser levantada quando a mãe se aproximava dela?" (Grandin, Temple; Scariano, Margaret M. *Atravesando las puertas del autismo*. Buenos Aires: Paidós, 2003.)

[131] N. do E.: no original, *ahuecamiento*, que também pode ser traduzido como "ação ou efeito de escavar, tornar cavo, côncavo, oco".

essa atitude não é interpretada como um pedido ou uma vontade. Ainda em tenra idade, por volta dos quatro meses, é possível observar nos bebês movimentos de elevação do tronco (especificamente do peito), solicitando serem erguidos, reproduzindo, nessa ação, de forma ativa, o arqueamento do corpo que se produz quando são pegos pelo tronco para serem levantados. O bebê que foi segurado nos braços com frequência transforma, em forma ativa, uma experiência de mudança de posição que ele não pode gerar com seus próprios meios. Fernando Pessoa diz: "Tenho vontade de erguer os braços e gritar coisas de uma selvajaria ignorada, de dizer palavras aos mistérios altos [...]".[132] Eu levanto os braços para ser recebido, recepcionado; trata-se de um primitivo para ser ouvido nas alturas.

b. *Elevar o olhar*: o adulto se aproxima do berço, ou se inclina, ou direciona a cabeça por cima para olhar o bebê que está abaixo. A criança dirige seu olhar para as alturas, um olhar mais aéreo que terreno. É um *olhar vertical ascendente*. O fundo sobre o qual ela visualiza a figura do rosto da mãe costuma ser um teto (isso muda quando está ao ar livre), onde pode haver luzes, ventiladores, objetos que atraem a atenção da criança. Apesar disso, geralmente, o rosto próximo do adulto absorve a curiosidade da criança de uma maneira diferente. No rosto, a luminosidade dos olhos cumpre uma função primordial: a intermitência do piscar, o seu brilho, os seus movimentos e a combinação de cores sobre um fundo branco mostram os olhos extremamente atraentes ao olhar do bebê. Entretanto, sobretudo, a luminosidade que o sorriso confere ao rosto em geral e aos olhos em particular promove o desejo de olhar e é tão atraente que sua ausência é percebida como um alerta. Sob o *olhar descendente* do adulto, a criança faz um esforço com os globos oculares para captar o que lhe é apresentado. Sua musculatura se ajusta, dando uma presença orgânica ao olhar;

---

[132] Pessoa, Fernando. *Libro del desasosiego*. Buenos Aires: Emecé, 2000.

diante disso, os olhos parece que se projetam com todo o seu volume em direção ao rosto observado. A criança horizontal se projeta verticalmente para o adulto nas alturas; essa ação será um antecedente do *olhar devoto*, do ato de devoção ao deus ou ao supremo em qualquer categoria. Quando o adulto precisa reverter esse ato, ele pega a criança e a eleva acima de sua cabeça, localizando-a no lugar da devoção; ele a venera com uma oração em ações. Se, em uma fotografia, retirássemos a criança da imagem, veríamos um adulto levantando os olhos, e o olhar, para o céu.

c. *Juntar as palmas das mãos*: já desenvolvi, em outra seção, sob o título de *Dar as mãos*, diferentes ações que sugerem uma certa unidade. Nesse caso, a união das palmas das mãos equilibradas uma à outra em extensão é mostrada diante da oração e do perdão. Ambos os pedidos são feitos com as mãos juntas e o olhar elevado. Aqui, a união das mãos, pele a pele, parece sugerir desamparo, submissão em relação a um ser superior, a quem se dirige a oração.

d. *Aplaudir*:[133] quando a criança está esperando seu ente querido e vê que ele se aproxima, realiza um movimento com os braços, um gesto antecipatório do que vai acontecer no encontro de ambos os corpos, um movimento de agarrar, de abraço do corpo do adulto. Dessa antecipação e dessa tentativa fracassada, vem o choque das palmas que, sem encontrar resistência em um corpo, colidem uma com a outra e produzem algo semelhante a um aplauso, que sintetiza e representa um abraço frustrado. Por isso, alguns pesquisadores[134] conferem ao aplauso o valor simbólico de um abraço; dessa forma, quando aplaudimos uma pessoa, abraçamo-la simbolicamente. Com base nessa hipótese, podemos deduzir que a açao de dar tapinhas nas costas do outro, que se faz em cumprimentos ou em demonstrações de condolências, seria um gesto intermediário

[133] Ver Calméls, Daniel. *El cuerpo cuenta*.

[134] Morris, Desmond. *Comportamiento íntimo*. Barcelona: Plaza y Janés, 1971.

entre o aplauso e o abraço. Surgindo de um abraço frustrado ou de um simples encontro fortuito, as palmas que entram em contato sonoramente são ações que os pais registram como gestos que podem ser incluídos em um repertório lúdico e lhes dão um sentido ao transformá-los em brincadeira. Nas "*tortitas de manteca*",[135] são feitos movimentos de ambos os braços, unificação das palmas no aplauso, na altura da linha média do corpo, movimento que se caracteriza pela busca de uma simetria funcional. A brincadeira das "*tortitas*" consiste, então, em bater palmas e cantar ao mesmo tempo.[136] A canção é amalgamada ao som proveniente do choque das palmas. Para que esse fenômeno seja realizado, para que os aplausos sejam alcançados, o reflexo de preensão palmar deve diminuir de intensidade. Nas "*tortitas*", como em "*la linda manito*", são produzidos múltiplos efeitos sensoriais e perceptivos. Sem pretender ser um "exercício", essa simultaneidade de sentidos integrados numa relação lúdica constitui um notável vínculo estimulante.

Os códigos gestuais, estabelecidos em um primeiro momento com os adultos cuidadores e o ambiente ao redor, em que podem existir outras crianças, devem, então, corroborar sua validade com o grupo de pares.

Em seu desenvolvimento, as crianças podem ser muito beneficiadas pela experiência em grupo. A atividade em grupo é uma oferta muito útil para a construção de um corpo na expressão e na comunicação.

[135] N. do T.: parlenda infantil na qual se incentiva bater palmas. Optou-se por deixar o exemplo usado no original, pois não se encontrou parlenda brasileira com total correspondência que abrangesse toda a explicação do autor. Como exemplo de brincadeira infantil brasileira em que se sincronizam palmas e música, pode-se citar a cantiga de roda "Palma, palma, palma / Pé, pé, pé / Roda, roda, roda / Caranguejo peixe é".

[136] A versificação mais usada é a seguinte: "*Tortitas de manteca / mamá me da la teta, / tortitas de cebada / papá no me da nada*" ["Panquecas de manteiga / mamãe me dá a teta, / panquecas de cevada / papai não me dá nada", em tradução livre].

Surpresa: o rosto de espanto

A cara de espanto (ou de surpresa) é construída com vários elementos básicos: olhos abertos, sobrancelhas levantadas e boca aberta. Soma-se a esse esquema gestual a interrupção do movimento e o congelamento da postura.

O organismo tem gravada uma forma rápida e eficiente de responder a um evento inusitado, para o qual não tem respostas específicas. Desse modo, com esse esquema básico, o corpo disporá de uma forma expressiva de responder a algo que, sem surpreendê-lo completamente, apresenta-se como uma novidade.

Os múltiplos gestos de espanto são pontos de interrogação primários.

A boca aberta acaba de tomar ar e está suspensa, mostrando seu interior à meia-luz. Dentro do corpo, o ar espera ficar mais leve em um suspiro.

Os olhos fixos e quietos, bem abertos, coroados pelo arqueamento das sobrancelhas, tentam compensar com sua insistência a súbita ignorância. A postura fixa, imóvel, potencial, à espera. O corpo se interroga.

Assim como a mão, o rosto começa a imitar desde muito cedo. Os olhos e a boca são órgãos que chamam a atenção. Ambos são áreas do corpo que têm um interior e um exterior, juntamente com um fechamento claro, concretizado pelas pálpebras e pelos lábios. Boca e olhos, enigmáticos, fecham-se e abrem-se, têm a capacidade de esconder ou mostrar o seu interior. O interior da boca fica oculto quando sua entrada é fechada, os olhos permanecem no escuro cobertos pelas pálpebras.

O bebê percebe os olhos e a boca. Desde muito cedo, consegue reproduzir os gestos de um adulto que coloca a língua para fora na frente do rosto.

Ação-ato-acontecimento

> Um braço que se estende, uma mão que se levanta, as posturas, os gestos, o andar, não são no ser humano atos de um autômato, mas movimentos que, analisados em seu contexto de espaço e tempo, aparecem cheios de significação.
>
> Enrique Pichon-Rivière
> *Psicología de la vida cotidiana*

Motricidade, *movimento*, *gesto*, *ação*, *ato*, *praxia* são alguns dos termos usados como sinônimos. Embora, na linguagem cotidiana, seu uso indistinto não altere muito o sentido e a intenção, na linguagem científica, é preciso dar-lhes um significado preciso, principalmente se forem utilizados para delinear um fenômeno, definir um signo, caracterizar um objeto de estudo. Cada conceito adquire um sentido dentro de um quadro teórico e prático. Assim, o termo *atuar* tem um entendimento diferente se for usado na psicanálise ou se for empregado na dramaturgia; o vocábulo *motor*, por sua vez, terá outro sentido se integrar o discurso da eletrônica ou o da neurologia.

Dentro dos limites deste texto, tentarei situar alguns desses termos, pensando na prática corporal em sentido amplo.

Movimento-ato

O conceito de ato tem um lugar importante no quadro conceitual da psicomotricidade, remetendo-nos a uma obra fundamental de Henri Wallon, *Do ato ao pensamento*. As primeiras palavras do livro sugerem um conflito fundamental: "Quais são as relações entre o ato e o pensamento? Qual dos dois tem prioridade sobre o outro?".[137]

---

[137] WALLON, Henri. *Del acto al pensamiento*. Buenos Aires: Psique, 1978.

As perguntas são retóricas, não desconhecem a resposta. Wallon tem uma posição tomada. Ele vai propor uma temporalidade e um contexto em que a pergunta poderá ter uma resposta, dirá que o problema das relações entre o ato e o pensamento "deve conduzir preferencialmente aos estados originais, à infância dos indivíduos, da espécie, das sociedades".[138]

Ele também traçará uma metodologia de pesquisa: "Trata-se de observar os fatores em jogo, sua sucessão e ação recíproca",[139] ou seja, colocará a questão de modo dialético.

Sobre a diferença entre *movimento* e *ato*, nessa obra, encontraremos uma precisão valiosa:

> O movimento, em sua aparente materialidade, não constitui ato. Um mesmo movimento pode responder a níveis muito diferentes de atividade. O que o classifica funcionalmente é o conjunto do qual faz parte, a ordem da qual depende. Uma coisa é colocar a língua para fora por imitação ou espontaneamente, e outra coisa, ainda, por ordem verbal; em crianças pequenas ou com atraso, frequentemente, não é possível obter esse gesto a não ser executando-o na frente delas".[140]

Seguindo essa linha de pensamento, o movimento passa a constituir a visibilidade do ato; sua presença não é suficiente para estar diante de um *ato*. O *ato* tem uma unidade de sentido, uma intencionalidade e uma direção. É com essas características que pode ser considerado possuidor de uma carga simbólica: "Os atos são nosso símbolo", escreveu Jorge Luis Borges.[141]

O *movimento* vai para além do deslocamento no espaço. Em um sentido muito geral, seria o "estado de existência da matéria";[142]

---

[138] WALLON, Henri. *Del acto al pensamiento.*

[139] *Ibidem.*

[140] *Ibidem.*

[141] BORGES, Jorge Luis. Biografía de Tadeo Isidoro Cruz. *In*: BORGES, Jorge Luis. *El Aleph.* Buenos Aires: Emecé, 1949.

[142] "O movimento é o modo de existência, a maneira de ser da matéria [...] matéria sem movimento é tão inconcebível quanto movimento sem matéria." (ENGELS, Friedrich. *Anti-Dühring.* p. 74-5 *apud* POLITZER, Georges. *Principios elementales de filosofía.* Buenos Aires: Eneida, 1971. p. 62.)

podemos localizar sua presença nos reflexos, nos gestos, na coordenação e nas praxias, assim como nas ações, nos atos e nos acontecimentos.

Chamamos de motricidade a "propriedade das células nervosas, que determinam a contração muscular",[143] uma ação típica da vida biológica, capaz de gerar movimento, matéria-prima das ações. Diz Wallon: "O movimento em si representa uma dupla progressão: uma que tem a ver com sua agilidade, muitas vezes, observável no animal; a outra relativa ao nível utilizado".[144] Nesse nível de uso, encontramos as *ações*.

Aristóteles explica a mudança no mundo físico com dois conceitos: *ato* e *potência*.

> Se "potência" é a possibilidade de ser algo, "ato" é a realidade de sê-lo. Diante da potência, o ato é caracterizado pela existência e pela determinação (conjunto de propriedades definíveis).[145]

Podemos relacionar o conceito de potência com o de *atitude postural*, uma vez que a atitude é caracterizada pelo seu estado potencial.

José Camarda diz:

> Ser-em-ato significa a realização daquilo que era-potencial (possibilidade-de), o atual, o real [...]. Toda mudança é um movimento que implica que algo que era possível se tornou real.[146]

Para Jean Bergés, "a meta de uma terapia não é fazer da criança um recitador, mas um ator: o corpo tem uma posição, ou está ausente. E, para fazer isso, o terapeuta deve manter sua posição e não se colocar no lugar da criança".[147]

---

[143] Gárcia-Pelayo y Gross, Ramón. *Pequeño Larousse en color*. Madrid: Larousse, 1976.
[144] Wallon, Henri. *La evolución psicológica del niño*. Buenos Aires: Psique, 1979.
[145] Cortés Morató, Jordi; Martínez Riu, Antoni. *Diccionario de filosofía*. Barcelona: Herder, 1996. CD-ROM.
[146] Camarda, José. *La palabra del espacio*. Buenos Aires: Espacio, 1981.
[147] Bergés, Jean. Diagnóstico y terapia en psicomotricidad. *In*: Alonso Fernández, Francisco. *Cuerpo y comunicación*. Madrid: Pirámide, 1982.

Continuando com a metáfora da cena teatral,[148] poderíamos dizer que a passagem da posição de *recitador* para a de *ator* seria um primeiro posicionamento; um segundo tenderia a colocar a criança não apenas no lugar de *ator*, mas, fundamentalmente, de *autor* de seus *atos*.

Muitas crianças rejeitam o que é imposto como *correto*, procuram sempre o desvio, pois, nesse gesto tangencial da norma, estão o estilo, a marca pessoal, o carimbo que, rompendo o idêntico, conferem a elas identidade, ou seja, qualificam a norma, imprimem na regra um traço pessoal que outorga a *autoria*. Por sua vez, toda autoria é consequência de uma *autorização* para a *ação*, que pode ser um ato transgressor. Não haveria identidade sem memória, não haveria memória sem lembrança, não haveria memória sem *autor*.

Seguindo essa conceituação, devemos reformular o termo *hiperatividade*, pois não parece a melhor referência para designar a maneira particular de estar em *movimento* da criança instável. A observação mostra que a criança com hipercinesia ou instabilidade psicomotora não apresenta aumento de suas *atividades*, mas, sim, ausência ou distúrbio na resolução ou realização de *atividades*. O que a criança não pode fazer é começar-continuar-terminar um movimento dirigido a determinado fim. A criança instável é impedida da ação que leva ao ato. Há uma *hipermobilidade*, sem causa predeterminada ou, caso exista, não é totalmente resolvida. Uma criança hiperativa, no verdadeiro sentido da palavra, seria aquela que se envolve em um número excessivo de atividades, para as quais é necessária uma atenção considerável. Não há atividade sem a atenção que a comande.

A *hipermobilidade* também está presente quando a criança não consegue encontrar uma postura confortável e constante, ou, até mesmo, um lugar no espaço.

[148] Uma temporalidade da representação na atuação dramática pode ser chamada de *ato*, mas não de *ação*. O *ator atua* por meio de múltiplas *ações*. Um *ato* tem uma unidade de sentido, para além da exigência de um conjunto de ações.

Movimento-ação

Segundo Bernard Acouturier,

> [...] para que a criança possa acessar o movimento do pensamento lógico e contínuo, é absolutamente necessário que ela tenha vivido a ação, e o processo que nos interessa é como a criança pode passar da ação real a uma ação ou a um movimento do pensamento. A criança leva seis ou sete anos para atingir esse movimento interior.[149]

Wallon afirmará que "a inteligência, instrumento de conhecimento, sai da ação e volta a ela".[150]

Acouturier dirá:

> A ação é a união de tudo o que é sensório-motor com a ordem das emoções e tudo o que é cognitivo. A ação está no centro da psicomotricidade, porque, nesse período de amadurecimento psicológico, é por meio da ação que a criança formará seu pensamento.[151]

Ele acrescenta: "Podemos tentar definir a ação: a ação é o que exerce ou se supõe que exerce efeito sobre o outro".[152]

A concepção de Acouturier, mantendo sua diferença, é semelhante à noção de *ato* que definimos anteriormente.

---

[149] ACOUTURIER, Bernard. La acción como transformación. *La Hamaca*, Buenos Aires, n. 10, 1999.
[150] WALLON, Henri. *Del acto al pensamiento.*
[151] ACOUTURIER, Bernard. *La acción como transformación.*
[152] *Ibidem.*

Ato-acontecimento

As *ações* são característica primeira do movimento.

Podemos caracterizar o termo *ação*[153] como vários movimentos, gestos, atitudes que ocorrem ao longo do tempo. Um *ato* marcaria uma conquista específica, a culminação significativa de uma série de ações. As intervenções profissionais fariam parte de um conjunto de ações que têm a categoria de ato profissional.

Também poderíamos acrescentar o conceito de *acontecimento*, que configura o resultado de um conjunto de atos confluentes no tempo e no espaço que representa uma transformação, um salto dialético. Por exemplo, o conjunto de confrontos corporais, armados, que buscam a morte do outro e a destruição de objetos, ou seja, *ações bélicas*, acabam por ser a causa do triunfo ou da derrota em uma batalha, atos que, no seu conjunto, podem condicionar o aparecimento de um fato singular, único, a tomada de poder, a assunção de uma autoridade, ou seja, um *acontecimento*.[154]

Para Michel Foucault, a noção de *acontecimento* "se encontra ligada à noção de 'irrupção', no sentido de uma quebra de continuidade e totalmente oposta a ela".[155]

O surgimento de um acontecimento não depende apenas de maturação nem de desenvolvimento. A sucessão de movimentos que a criança realiza para poder materializar algumas ações como agarrar-se, levantar-se, colocar o peso do corpo na sola dos pés (apoio), autossustentar-se na posição em pé e romper equilíbrio estático para passar a um equilíbrio dinâmico, em que a distribuição de peso nos apoios é alterada, todo esse processo deve ser motivado pelo desejo de ficar em pé. Essa decisão de verticalidade e de transferência, essa vocação para a instabilidade em um

[153] Pode-se chamá-lo de "homem de ação", mas não de "homem de atos".

[154] Há um exemplo da vida cotidiana que nos permitiria incluir os três termos. Trata-se de um fato recorrente na instituição escolar, em que as crianças são ensinadas a realizar e a exibir uma série de *ações* que são mostradas nos *atos* (escolares) para comemorar um *acontecimento*.

[155] *apud* ALBANO, Sergio. *Michel Foucault*: glosario epistemológico. Buenos Aires: Quadrata, 2003.

momento da vida da criança constitui um *ato*, e pode ser significado como um *acontecimento*, único, singular, irrepetível, que, com o nome de "os primeiros passos", marcará um feito na vida familiar, pois, para ser um acontecimento, deve ser reconhecido pelo contexto. Algumas crianças aprendem a andar sem que isso seja considerado um acontecimento, não têm um registro familiar como tal, ficaram sem a memorização e a dimensão que qualquer acontecimento exige.

Oposto à regularidade das *ações* e dos *atos*, o *acontecimento*, no sentido que Michel Foucault lhe daria, "é sempre a expressão de um processo silencioso do qual emerge em dado momento; seu traço fundamental é sua singularidade, seu caráter irrepetível".

Um *acontecimento* é um salto qualitativo de um ato, atos fundantes da memória e da lembrança.

O caráter da ação, do ato e do acontecimento não pode ser determinado *a priori*, não tem uma caracterização prévia.

O jogo ou a brincadeira que se desenvolve em um espaço chamado *cenário* faz uso de atos e acontecimentos.

O fato instrumental, motriz e operacional, como abrir uma porta que está trancada com chave, pode se revelar, tomar corpo de acontecimento na medida em que é conotado e contextualizado em uma *cena*, por exemplo, em uma narrativa em que as ações devem ser selecionadas, reveladas, ofuscadas ou eliminadas.

As sequências são de possível análise após a ação. Elas concedem às ações determinado valor que estas não tinham antes.

Praxia-gesto

As *praxias* são desenvolvidas em um nível operacional cujo resultado produz uma mudança, uma transformação. Constituem uma ação cuja realização requer uma figuração (imitação diferida, imagem mental).

As praxias são constituídas temporariamente; elas desdobram sequências que têm pelo menos três tempos: início, desenvolvimento, fechamento. Numa dispraxia, com frequência, observamos a omissão de um dos passos ou a alteração da ordem.

Para que algo aconteça temporalmente, é necessário que anteceda uma preparação e preceda uma culminação. Na preparação, está a atitude postural como "dis-posição"; é o ponto de partida.

Toda praxia, para se desenvolver, deve, de formar eficaz, o domínio da temporalidade e da espacialidade. Toda praxia é construção. Seu elemento particular não é expressar, mas transformar, construir. Nesse sentido, poderíamos abrir uma diferenciação entre um *gesto* e uma *praxia*. O *gesto* é *expressivo*; a *praxia*, entretanto, não pretende expressar, mas atuar sobre a realidade para modificá-la.

Num gesto, o tempo e o espaço podem fundir-se. Um olhar, por exemplo, é um num instante, como um *flash*, surpreende-nos, flagra-nos, imprime-nos o seu poder modificador. Fechar o punho não é uma praxia, mas pode se tornar um *gesto*. Colocar a mão no peito diante de uma cena de dor é uma ação significativa, que não requer aprendizado passo a passo.

Também nos guiando pelo princípio da economia, um gesto geralmente pode ser antieconômico, ao passo que a praxia é guiada pelo princípio da economia do movimento.

No gesto expressivo, o espaço e o tempo têm uma presença naturalizada; em uma praxia construtiva, porém, são eixos de desenvolvimento. Uma praxia é posta à prova ao percorrer o caminho inverso. Passar por uma série de ações em sentido contrário nos dá a certeza de que estamos diante de uma praxia. Tomemos como exemplo o nó: o caminho de sua construção, de sua montagem, é oposto ao de sua desmontagem. Desmontar confere um poder e conhecimento especial sobre montar. O nó é finalizado ao puxar as pontas do cordão para fora, mas é desfeito com uma manobra diferente. A ação de desmontar costuma ser vista como um procedimento não hierárquico, recorrendo-se a destruir, virar, atirar, romper ou a um ritual estereotipado: "guardando cada coisa em seu lugar". Ainda assim, a ação de desmontar também é um aprendizado.

Um gesto expressivo não tem uma desconstrução complexa, ele acontece: perde-se em uma pessoa e fica marcado em outra. O ritual de apertar as mãos como saudação pode ser um exemplo intermediário entre o gesto expressivo e a praxia construtiva.

O movimento reflexo pode ser localizado em um extremo em relação às praxias. Isso depende de mandatos orgânicos; as praxias, no entanto, são produções do corpo. O gesto expressivo é equidistante entre o reflexo e a praxia, como já dissemos, alguns nascem de uma praxia frustrada e, em muitos casos, de um reflexo culturalizado.

O movimento é a matéria-prima dos três fenômenos.

Embora existam diferenças entre uma praxia e um gesto, isso não quer dizer que ambos não possam existir no mesmo ato. Usarei dois exemplos:

1. Abrir uma porta é uma praxia. Nesta, a soma dos movimentos realizados difere dos fatos para fechá-la, não apenas por um fato técnico, mas pela intensidade emocional de ambos os atos, coloridos pelas vivências pessoais. Gaston Bachelard diz que "o gesto que fecha é sempre mais retumbante, mais forte do que o gesto que abre".[156] Essas nuances qualificam o movimento, conferem-lhe cargas emocionais, expõem-no a uma leitura psicomotora. A percepção da mão na maçaneta que fecha não tem

[156] Bachelard, Gaston. *La poética del espacio*. México: FCE, 1965.

a mesma contextura e dimensão da que abre, embora, materialmente, seja a mesma. Essa é uma praxia, então, carregada de gestualidade expressiva.

2. Uma criança está trabalhando duro para completar um quebra-cabeça. Depois de um esforço perceptível, consegue encaixar uma peça na abertura correspondente, então, dá duas batidas suaves e decisivas nessa figura. Esses dois toques não são necessários para a função práxica que acabou de realizar, mas são imprescindíveis em seu ritual para terminar essa tarefa. Essas duas batidinhas confirmam que a peça está no lugar certo e, ao mesmo tempo, oficiam como golpes finais, como um lacre ou um carimbo que completa um trabalho, dando-lhe uma marca de identidade e de fim simultaneamente. Poderíamos até dizer que o fato de que sejam duas batidinhas, e não só uma, é importante: a primeira situa o espaço, e a segunda fecha a ação. Essas duas batidinhas são gestos que coroam uma praxia.

2

Memoriais do cuidado parental

Da memória genética à gesta corporal

Rememorar é lembrar; a lembrança funda a memória. Recordar é um ato criativo, sempre extrapola o evento ocorrido.

Não existe fato para atualizar sem desvios, processo em que a lembrança é uma representação do passado. Não se trata de tirar a poeira, mas de reconstruir, arqueologia sempre original e aproximativa ao fato que se "re-memora".

O cuidado parental impõe à lembrança não só um ato de reconstrução do passado em nível de ideias, mas também das ações e dos gestos. Tomar "conta" de uma criança é pegá-la nos braços e apoiá-la; colocar-lhe "limites" é contê-la; acompanhar seus primeiros passos é recebê-la de braços abertos. As palavras do cuidado parental não são apenas metáforas, mas, sim, *encarnações*, cujos termos serão a matéria-prima das metáforas cotidianas mais recorrentes.

Para nutrir uma criança, não basta levar à boca um material orgânico preparado corretamente: alimentar é um trabalho do corpo. Requer certas lembrança e autoria, que a envolvam dinamicamente em sua história alimentar.

Um mesmo fenômeno pode ser evocado de tantas maneiras quanto os protagonistas foram envolvidos. Quando a lembrança se congela, deixa de ser lembrança para se tornar memória registrada, padronizada, normatizada.

Os primeiros contatos recebidos, as primeiras posições e posturas em que as atitudes vão se desdobrando, as primeiras translações no espaço são produto do corpo da pessoa que cuida de nossa passagem pela infância. Os gestos do adulto que cria e os movimentos que o organismo dispõe para sua conservação se amalgamam em busca dos destinos de amadurecimento e de desenvolvimento.

Não há cuidado parental sem evocação dos eventos que gestaram a pessoa que cria. E isso se deve, em parte, ao fato de o cuidado parental precisar de gestos cotidianos, saberes "herdados" que se instalam no próprio corpo sem alarde, porque não acessaram a enunciação conceitual, ou seja, o conhecimento. Saber, entretanto, é ter provado. Quem cria [a criança], cria [algo novo].[1] A memória cinética é lembrada nas ações, nos atos, nos acontecimentos. Ela foi construída não apenas com elementos de sensações e de percepções, mas principalmente com os atos, constituindo com os outros elementos enunciados, o que Jean Piaget chamou de "ação inteira",[2] na qual a percepção, às vezes, tem apenas a função de sinalização.

A habilitação ao movimento reflexo não é idealizada e pode prescindir da imagem do outro. Um movimento reflexo não necessita de ideias ou de modelos para imitar; no entanto, a habilitação ao gesto e às praxias requer ao menos um conjunto de imagens e o antecedente de outro corpo; o próprio corpo sempre precede.

O corpo do outro recebe as pequenas variações do tônus muscular que participam da construção da disposição do nosso corpo, e se acomoda,

[1] N. do E.: no original, "*El que cría crea, términos hermanados en su origen*" ["Quem cria, cria, termos irmanados em sua origem"]. Em espanhol, verbos cuja origem é semelhante, mas que têm significados diferentes: *criar* significa "promover educação, educar, instruir, cuidar, sustentar, alimentar"; já *crear* abarca o sentido de "produzir algo novo, dar origem, fazer existir, gerar, inventar".

[2] Piaget, Jean. *Estúdios de psicologia genética*. Buenos Aires: Emece, 1973.

dando origem à moldagem da atitude postural. Nesse caso, o corpo que nos antecede não só *tem*, mas também *mantém*, "diálogo tônico", como diz Julián de Ajuriaguerra.[3] Diálogo tonificante, eterno "tônico" da juventude buscado na forma de um elixir mágico, na tentativa de recuperar o primeiro leito, a bacia original. O corpo do outro nos antecede com os ritmos do balanço, que articulam pausas e intervalos, fenômenos modulares de toda praxia; com o olhar necessariamente subjetivo; com o tom da voz, pura imagem acústica (do termo "voz" deriva "evocar").[4]

O "diálogo tônico" é preservado em uma "tipografia carnal" impossível de recompor em uma sintaxe alfabética. *Memória implícita*: predomínio do hemisfério direito, especializado nos "aspectos não verbais da linguagem (tom, voz, gestos), expressão facial de afeto, percepção de emoções".[5]

Aquilo que é dito sobre os acontecimentos do corpo encontra um lugar privilegiado na imagem. Ela, a imagem, "infância do signo",[6] é gestora da lembrança do corpo.

Os memoriais do cuidado parental são evocações diversas que analisam, reconstroem, como painéis, a arqueologia cotidiana que envolve a atenção de uma criança, na qual a memória genética toma a iniciativa, com sua bagagem de reflexos (predeterminados), que dão conta de sua formação e de sua necessidade para a sobrevivência da espécie.

A lembrança, diferentemente da memória, requer uma narrativa. Pode haver memória fragmentária; a lembrança, porém, coloca um corpo entre outros e o faz participar do sistema sensorial destes.

[3] de Ajuriaguerra, Julián. Discurso do Prof. Dr. Julián de Ajuriaguerra. *Revista do Corpo e da Linguagem*, Rio de Janeiro, n. 12, mar. 1985.
[4] Corominas, Joan. *Breve diccionario etimológico de la lengua castellana*.
[5] Conferencia Memoria y Recuerdo en la Primera Infancia, 2000, [Buenos Aires]. Buenos Aires: Hospital de Clínicas José de San Martín, Servicio de Psicopatología Infanto Juvenil, 2000. [Palestra proferida por Alberto Serrano].
[6] Debray, Régis. *Vida y muerte de la imagen*: historia de la mirada en occidente. Madrid: Paidós, 1994.

A boca na mão

Ao nascer, a boca e a mão estão irmanadas. Elas são unidas por fibras finas. Basta apertar as palmas das mãos de um recém-nascido para ver como sua boca se abre, ao mesmo tempo que gira a cabeça. "Pressupõe-se a existência de conexões sensório-motoras entre as mãos e a boca."[7]

A origem desse fenômeno é arcaica: na infância da humanidade, era necessário manter a boca alerta, pronta para agir, quando a mão pegasse o alimento. Um atraso nesse procedimento podia causar a perda da comida.

Quando um bebê mama no seio materno, sua mão também trabalha. Essa irmandade bucomanual continua tecendo laços de filiação durante os primeiros anos de vida. Para Francesc Tosquelles, a mão é um esfíncter.[8] A insistência do dedo na boca, como os gestos das mãos que completam a linguagem verbal, nada mais fazem do que confirmar o antigo vínculo neuronal que o recém-nascido exibe.

Ratificando essa antiga relação, quando uma criança apresenta problemas na coordenação de sua mão, é provável que encontre dificuldades na articulação da boca; a clínica nos confirma isso reiteradamente.

Nos momentos de fúria, o grito e o punho, a boca e o golpe se apresentam na mesma cena. Quando a boca se abre para soltar a fúria contida, as mãos fecham-se, atam-se, fazem força, solidárias com o grito.

Assim também a mão e a boca estão entrelaçadas no tato: a língua tateia como um dedo; os dedos "bicam" a comida como uma boca.

Por sua vez, quando tarefas de precisão e ajuste são realizadas com os dedos, como colocar uma linha em uma agulha, é provável que a língua acompanhe saindo da cavidade bucal, formando o signo que chamamos de sincinesia.

---

[7] Reflexo mão-boca descrito por Boris Babkin *apud* Coriat, Lydia F. *Maduración psicomotriz en el primer año del niño.*

[8] Tosquelles, Francisc. *El maternaje terapéutico con los deficientes mentales profundos.* Barcelona: Nova Terra, 1973.

Caminhos do ar

Aprende-se o corpo, aprende-se a caminhar, mas a matéria-prima cinética da marcha tem um passado que a memória genética atualiza num fato tão simples quanto a ação pendular dos braços, que chamamos de bracejamento. Embora a criança comece a caminhar mantendo os braços estendidos ao lado do corpo, à maneira de um equilibrista andando em uma corda bamba, não demorará muito para que seus membros superiores comecem a se mover no ritmo que seus pés impõem.

Qual é a origem dessa ação? Acredita-se que seja a persistência de padrões motores perdidos ao longo da evolução filogenética. Os movimentos dos membros superiores que acompanham o caminhar bípede constituem

> [...] resquícios filogenéticos de padrões motores do estágio quadrúpede. Os braços oscilam segundo um padrão característico de uma marcha de quatro patas. Assim, quando um membro inferior se move para a frente, o membro superior ipsilateral se move para trás.[9]

Sobre o movimento pendular, histórico de nossos braços que dão conta da marcha daqueles que nos antecederam, constrói-se um corpo que braceja de maneira singular e que pode modificar ou, até mesmo, inibir sua ação à vontade.

Aprende-se o corpo, aprende-se a caminhar, mas o corpo de um faz parte da memória de todos.

Las manos se apoyan	As mãos se apoiam
en los caminos del aire.	nos caminhos do ar.
Recuerdan,	Recordam,
la antigua marcha	a antiga marcha
de espaldas al cielo.[10]	de costas para o céu.

[9] Fernández Álvarez, Emilio; Fejerman, Natalio. *Fronteras entre neuropediatría y psicología:* conducta, lenguaje, aprendizaje. Buenos Aires: Nueva Visión, 1987.
[10] Calméls, Daniel. *Marea en las manos.* Buenos Aires: Colihue, 2005.

A função corporificante

O adulto participa, conscientemente ou não, da construção do corpo da criança. A necessidade que a criança tem da presença do adulto se deve, em parte, à sua função corporificante.

O corpo do outro nos *conforma*. Essa "con-formidade" pode ser pensada em dois sentidos possíveis:

1. O corpo do outro nos tranquiliza, dá-nos aquilo de que precisamos: abrigo, suporte, acordo, assentimento, aceitação, e isso nos deixa conformados, ao menos temporariamente, porque o corpo do outro, sendo uma necessidade, deve ser reiterado na presença. Aqui, a quantidade, dialeticamente, faz as vezes de qualidade. O acolhimento reiterado do outro nos dá a calma necessária para fazer da continuidade uma presença de identidade.
2. Em seu outro sentido, o corpo do outro, ao nos dar forma, conforma-nos, não só porque nascemos de um corpo e, na maioria das vezes, alimentamo-nos dele, mas porque o outro, em sua relação corporal, modela-nos, dá-nos perímetro e fronteira. Ele nos modela com o olhar, com a escuta, com a voz, com a atitude postural, com o sorriso e, também, com o contato. Experiência, esta última, que sendo excepcional por ter presença e visibilidade no ato de segurar, na carícia e no limite, não é a única que afeta a pele e as suas camadas mais profundas, como o tônus muscular, que, a partir do "diálogo tônico", primário e inaugural, mantém um vínculo primordial entre o organismo e as expressões corporais.

O corpo não nos é dado; o corpo, que nos diferencia dos outros, que é um distintivo, ou seja, uma *insígnia* de nossa identidade, é construído de forma única e original na relação corporal com os adultos que cercam a criança.

Assim, se aceitarmos que o adulto participa ativamente da corporificação da criança, também podemos dizer que sua ausência é entendida como carência e se transforma em uma falta. A ausência ou a escassez da corporalidade do adulto produz na criança uma anemia corporal, um enfraquecimento da *expressividade gestual*, da *mímica facial*, da *atitude postural*, da capacidade de *olhar*, de *escutar*, de *contatar*, de *saborear*, de *cheirar*, de produzir uma *voz* própria. A escassez da corporalidade adulta cria uma verdadeira fraqueza corporal.

Quando o adulto coloca o corpo, ou seja, manifesta-se corporalmente, ele o faz por meio de algumas de suas manifestações. Escolhe com qual aspecto de si mesmo se relacionar. Pode ser que privilegie *olhar* e *escutar*, ou que ponha a *voz* e o *rosto*, ou que *gesticule* e se posicione de forma *atitudinal*, ou que *saboreie* e *cheire*, ou que apenas *faça contato*. Isto é, existem diferentes maneiras de colocar o corpo. Às vezes, entende-se que colocar o corpo é apenas mover-se, deslocar-se no espaço e entrar em contato com o outro pela epiderme. Se o adulto, em algum de seus papéis, não estiver disponível para contato e movimento, entende-se que ele não coloca seu corpo.

Nesse sentido que damos ao corpo e às suas manifestações, exercer a docência, a assistência ou o cuidado parental sempre requer o corpo. Não posso trabalhar sem olhar, sem escutar, sem cheirar, sem estar em contato, sem falar, sem me manifestar por meio da minha atitude postural, do meu rosto, da minha voz. Se isso acontecesse, eu não estaria lá, ao menos não corporalmente. Em outras palavras, também tenho a possibilidade de evadir-me corporalmente, de não olhar e só ver, de não estar em contato e só tocar, de não escutar e só ouvir, de falar sem voz, de degustar sem sabor, de me posicionar em uma postura sem atitude, de expor minha face sem rosto, de me mover sem gestualidade. Mecanizado, rotinizado, anestesiado, estou apenas em minhas funções orgânicas em um limiar muito baixo de corporeidade relacional.

Se o outro torna-se objeto, se a criança é submetida a uma rotina sem afeto, eu me transformo em uma máquina, e o corpo não é máquina[11] e, muito menos, máquina perfeita como querem que acreditemos.

Também poderíamos pensar no polo oposto da máquina distante, a supercorporalização, a invasão corpórea, a posição desmedida e desregulada em jogo do corpo que responde a uma necessidade exclusivamente própria, não insatisfeita, como se costuma dizer, mas repetida e cotidianamente satisfeita no corpo do outro que não existe como ser independente. Aqui, o adulto se aproveita do consentimento que a criança mostra diante da impossibilidade de rejeição e de negação do acordo.

Captadores de atenção

Em sua função corporificante, a expressividade corporal do adulto funciona como captadora de atenção. A constância e a variação da gestualidade expressiva vão interessar à criança a ponto de direcionar sua atenção para o corpo do adulto.

A gestualidade, a atitude postural, a voz e o contato vão configurar um núcleo de interesse primordial na atenção visual, auditiva, tátil e postural.

Há, também, objetos *captadores* da atenção que, em alguns casos, tornam-se *capturantes*. Brinquedos, móbiles, imagens, vídeos. É preciso dizer e insistir que a prática da atenção humanizadora não pode ser realizada via objetos, com desconsideração do corpo do adulto. O objeto, em sua programação, não responde às mudanças sutis do corpo e, portanto, da atenção.

É impossível interagir com a maquinaria sem se adaptar às suas programações, em muitos casos, acionando mecanismos de estímulo-resposta.

A diferença entre o captador e o capturante é que o captador é um chamado que bate à porta da percepção, ao passo que o capturante entra sem bater e fica ali.

---

[11] Quero diferenciar, aqui, o que seria *mecanizar* as intervenções do que seria *ritualizar* as intervenções.

Quanto à atenção, Luria escreve:

> A atenção voluntária, em suas origens, não é biológica, mas, sim, um ato social, e que pode ser interpretado como a introdução de fatores que são produto não da maturidade biológica do organismo, mas de formas de atividade criadas na criança ao longo de suas relações com adultos, para a organização dessa complexa regulação da atividade mental seletiva.[12]

Pais de corpo

Frequentemente, deparamo-nos com evidências de semelhança entre uma criança e seus pais adotivos. Essa semelhança não nos surpreende quando se trata do fruto da reprodução biológica. Mas o que explica os efeitos de semelhança da reprodução não biológica? Pensar numa resposta requer apelar ao conceito de *corpo* e à ideia de uma paternidade e uma maternidade corporal.

Trata-se de uma semelhança baseada nos seguintes fenômenos: na atitude postural, na voz, no rosto (com seus diversos semblantes), no olhar, na gestualidade expressiva, nos sabores.

Embora não seja filho da vida orgânica, não nasceu de sua reprodução genética, é "filho de corpo", carrega os traços de uma linhagem corpórea, foi modelado, ritmado, saborizado nesse vínculo de criação. O corpo é um manifesto.

Dolto considera que esse fenômeno acontece de forma inconsciente *e* seu sentido é "superar a desvantagem de não ser filho de sangue".[13] Dessa forma, o filho adotivo agrega um "*plus*" ao processo de identificação que compensa sua condição e nos adverte que a "função corporificante" dos pais corporificou à imagem e à semelhança.

---

[12] Luria, Aleksandr R. *El cerebro en acción*. Barcelona: Fontanella, 1979.

[13] Dolto, Françoise. *Seminario de psicoanálisis de niños*.

3

Regras da infância

Quando uma criança se joga, não quer dizer que caia.
Quando uma criança se choca, não quer dizer que empurra.
Quando uma criança bate, não quer dizer que machuque.
Se uma criança se move, não quer dizer que seja ativa.
Quando uma criança se mostra ativa, não quer dizer que seja interativa.
Quando uma criança faz silêncio, não quer dizer que se cale.
Quando uma criança sonha, não está distraída.
Quando uma criança se imobiliza, não quer dizer que esteja quieta.
Quando uma criança está sozinha, não quer dizer que está isolada.
Quando uma criança se esconde, pede um olhar suave.
Quando uma criança consente, não quer dizer que concorde.
Quando uma criança ri, não quer dizer que está contente.
Quando uma criança se assombra, não quer dizer que está assustada.
Quando uma criança pergunta, não quer dizer que não saiba.
Quando uma criança transgride, não quer dizer que se equivoca.
Quando uma criança se equivoca, não é um ato de ignorância.
Quando o tempo acaba, não quer dizer que a criança termina.
Quando uma criança diz não, quer dizer que diz não.

Decálogo de la niñez

Cuando un niño se tira no quiere decir que se caiga.
Cuando un niño choca no quiere decir que empuja.
Cuando un niño golpea no quiere decir que lastime.
Si un niño se mueve no quiere decir que sea activo.
Cuando un niño se muestra activo no quiere decir que sea interactivo.
Cuando un niño hace silencio no quiere decir que se calle.
Cuando un niño sueña no está distraído.
Cuando un niño se inmoviliza no quiere decir que esté quieto.
Cuando un niño está solo no quiere decir que está aislado.
Cuando un niño se esconde pide una mirada suave.
Cuando un niño consiente no quiere decir que acuerde.
Cuando un niño ríe no quiere decir que está contento.
Cuando un niño se asombra no quiere decir que está asustado.
Cuando un niño pregunta no quiere decir que no sepa.
Cuando un niño transgrede no quiere decir que se equivoca.
Cuando un niño se equivoca no es un acto de ignorancia.
Cuando el tiempo concluye no quiere decir que el niño termina.
Cuando un niño dice que no, quiere decir que dice que no.

4

A construção dos corpos e suas expressões de gênero

Mara Lesbegueris

Políticas parentais e de gênero

Este texto se baseia em minha consciência histórica das circunstâncias atuais (localizadas geograficamente na Argentina, pertencente ao coletivo das *psicomotricidades do sul* das Américas, mesmo sabendo que existem psicomotricidades diversas dentro de meu país) e em meu interesse profissional, acadêmico e político sobre os corpos das infâncias subalternizadas.[1]

Tentarei refletir sobre alguns marcos relevantes nos primórdios da constituição das identidades corporais sexogenéricas, problematizando as formas particulares de subjetivação das infâncias, em um contexto que, embora nos permita questionar sobre dissidências sexogenéricas e que

[1] Entendo a *subalternidade* como condição de subordinação, seja ela gerada por classe, casta, gênero, ocupação, etnia, idade, deficiência ou qualquer outra forma de opressão, "cuja identidade é a diferença" (Spivak, Gayatri. *¿Puede hablar el subalterno?* Buenos Aires: El Cuenco de Plata, 2011).

tem avançado em termos de direitos e possibilidades para as mulheres, para es menines[2,3] e para outras minorias, continua perpetuando violências e desigualdades que são reproduzidas dentro das práticas cotidianas. O olhar heteronormativo e patriarcal, juntamente com as lógicas do mercado e do consumo, operam nas sensibilidades dos corpos, e sempre nos mais vulneráveis, entre ês quais se encontram es menines.

Da perspectiva feminista, podemos dizer que a luta começa pelo combate à opressão dentro da própria família, desmontando dispositivos, lógicas e práticas de cuidado parental que subentendem violências concretas ou latentes, exercidas, inclusive, por nossos entes queridos.

O gênero não é uma categoria descritiva, mas analítica, pois permite pensar as dimensões sócio-históricas de poder (hierarquias e silenciamentos), que se manifestam com a diferenciação sexual dos corpos e de todo tipo de opressão. Diante de argumentos que concebem a masculinidade e a feminilidade como derivadas "naturalmente" de características biológicas, a perspectiva de gênero irá, sobretudo, evidenciar a existência de uma interpretação simbólica da diferença sexual, dando visibilidade não apenas à diversidade cultural, mas, também, às desigualdades sociais que historicamente subjazem de tal diferenciação.

A masculinidade e a feminilidade, e, até mesmo, a ambiguidade de gênero ou as dissidências sexogenéricas, são incorporadas por meio das

---

[2] Encontro grande resistência no meio acadêmico ao uso de linguagem inclusiva, adequando-se plenamente à estrutura linguística da convenção vigente e à palavra oficial da Real Academia Española. No entanto, a Lei de Identidade de Gênero (26.743) [*Ley 26.743/12 – Identidad de Género*] foi sancionada e promulgada na Argentina em 2012, a qual constitui um direito de que qualquer pessoa deve ser reconhecida conforme sua autopercepção. Nesse quadro, incluir o "e" ou o "x" é um ato político de reconhecimento em relação ao outro que não é representado nos quadros binários de significado. Nomear, regular e ritmar na busca de sentidos possibilita um lugar de referência que inclui as dissidências sexogenéricas.

[3] N. do E.: no original, *lxs niñxs*. Em português, há o termo "criança", que poderia ser utilizado como uma forma neutra; optou-se, porém, pela utilização do "e", neste caso, para marcar a ausência de gênero. Como, no Brasil, ainda não há legislação vigente em relação ao uso da linguagem neutra, para atender minimamente as regras gramaticais, para manter a proposta original da autora e para incluir grupos de pessoas cegas, surdas, com transtorno do espectro autista (TEA) e dislexia, que encontram dificuldades na utilização do "x", nessas ocorrências optou-se pelo *sistema el*, de acordo com Caê, Gioni. *Manual para uso da linguagem neutra em língua portuguesa*. Cascavel, PR: Universidade Estadual do Oeste do Paraná, 2020.

diversas *manifestações corporais*: as modalidades de contatar, gesticular, emitir a voz, construir rostos, olhares, atitudes posturais carregam imaginários sociais ligados ao gênero de acordo com cada época e contexto...

"Ser" um bebê, menino, menina ou menine implica um complexo e variado *processo de corporificação* que se inicia no seio de uma família, inscrita em uma comunidade, em uma cultura e em uma época particular, em que são realizados seu cuidado parental e sua socialização.

Sabemos que o trabalho de reprodução[4] (gestação da vida, cuidado, criação e socialização) é realizado, em maior parte, pelas mulheres do mundo todo. Essas práticas, feminizadas e enquadradas na família e na escola em nossa sociedade, não podem mais ser compreendidas com base na mesma lógica que promovia a família tradicional e o projeto modernizador das instituições.

Lares monoparentais, famílias mosaicos ou pluriparentais, barrigas de aluguel, famílias substitutas, novas parentalidades abrem diferentes questões e desafios para realizar as práticas de cuidado parental e a socialização des menines.

Hoje em dia, embora profundamente arraigados, os modelos tradicionais de gênero que andam de mãos dadas com a "idealização da maternidade" (e a culpabilização das mães trabalhadoras) e o papel do "homem provedor"; a ideia de família como modelo único, abstrato e universalizante, pouco tem a ver com a diversidade e a complexidade das novas configurações familiares.

Os acordos parentais já não se baseiam apenas em laços legais, sanguíneos ou religiosos, mas, sim, podem ser constituídos por quem tem o desejo de união e a ideia de formar uma família.

Apesar de aceitar mudanças e transformações, é preciso insistir que, nos primeiros anos de vida, os corpos precisam da constância e da presença de

---

[4] O movimento feminista dos anos 1970 deu visibilidade à constante exploração do trabalho reprodutivo não remunerado das mulheres, fundamento da estrutura econômica e social capitalista. A saída das mulheres para o mundo da produção não terminou de resolver a desvalorização existente da posição social das mulheres. O trabalho reprodutivo foi reconfigurado na era pós-fordista, voltando-se, em grande parte, para as mulheres pobres e imigrantes (Federici, Silvia. *El patriarcado del salario*: críticas feministas al marxismo. Buenos Aires: Tinta Limón, 2018).

vínculos humanizadores. O cuidado parental humanizado não pode prescindir dos corpos nem pode ser realizado por meio de suportes tecnológicos.

O contato corporal envolve uma ética indispensável para o processo de construção subjetiva. A falta de "vínculos estimulantes"[5] também caracteriza maus-tratos. Isso não implica responsabilizar as mães pelo cuidado infantil com considerações morais, mas pensar em acordos familiares, redes comunitárias ou, até mesmo, em um Estado de bem-estar[6] que garanta políticas de organização do cuidado, nas quais os corpos e os afetos daqueles que encarnam essas funções estejam sempre presentes, para além de seu gênero.

Desde a fase intrauterina, o tônus muscular recebe não apenas impressões labirínticas, cinestésicas, proprioceptivas e interoceptivas, mas, fundamentalmente, a presença de um *suporte* e uma *referência identificadora.*

Há ações e gestos corporais que tonificam ou fazem perder o tônus, que levam à distensão ou alimentam a tensão com seus correlatos efeitos emocionais. As carícias, o acalanto, a prosódia da voz, o olhar, a escuta, as atitudes posturais materializadoras têm um efeito de inscrição significante na corporeidade.

É numa relação de suporte provido pelo segurar num espaço de proximidade afetiva e contato tônico-emocional com o corpo do adulto, que o corpo do bebê começa a ser construído.

Os processos de corporificação das identidades sexogenéricas

Pensar na construção das identidades é pensar na construção dos corpos, pois o corpo é a "insígnia da nossa identidade"[7] e o gênero é um

---

[5] Calmels, Daniel. *Cuerpo y saber.*

[6] N. do E.: políticas públicas voltadas a um padrão mínimo de vida aos cidadãos. Seu intuito é compensar distorções e carências causadas pela economia.

[7] Calmels, Daniel. *Qué es la psicomotricidad*: los trastornos psicomotores y la práctica psicomotriz. Buenos Aires: Lumen, 2003.

dos traços distintivos que nos representa, não apenas intersubjetivamente, mas, também, social e culturalmente.

Construir a identidade sexogenérica não implica a internalização passiva de imposições de gênero (ideais, normas, expectativas, estereótipos, valores e papéis sociais), mas requer ter colocado o *corpo em uma situação de interação*, reinterpretando aquelas designações fornecidas pela cultura e pela epoca, de múltiplas e criativas maneiras, e isso começa a tomar forma muito antes de um menino, uma menina ou ume menine se perceber e nomear como tal.

Por isso, as identidades de gênero são produto de uma *atividade performativa*,[8] não uma simples aquisição estável e imutável, nem uma etapa a conquistar, mas um processo de corporificação variável e complexo, que implica personificação, "in-corporações", identificações e "re-criações" que começam a ser forjadas em tenra idade junto com outros corpos.

Trata-se de compreender a ampla diversidade de formas corporais, subjetivas e sociais, de construir e habitar as categorias de gênero, inclusive aquelas que se afastam da classificação binária feminino/masculino. Nesse sentido, as identidades *queer*[9] ou expressões sexogenéricas dissidentes, não são *outros* modos, mas uma das muitas formas possíveis de constituir as identidades, de acordo com seus sentimentos, suas experiências, suas possibilidades de reconhecimento e de desejo.

Sabemos que aquels[10] se afastam das expectativas esperadas ou reconhecíveis sempre correm o risco de sofrerem desmoralização, criminalização, patologização, expulsão ou incapacitação. Quem não vive

---

[8] Ver Butler, Judith. *El género en disputa*: el feminismo y la subversión de la identidad. Barcelona: Paidós, 2007.

[9] Nas décadas de 1970 e 1980, houve uma reapropriação do termo *queer*, impulsionada pelo pensamento anglo-saxão e pela política ativista do feminismo. Um termo inicialmente pejorativo, designado como raro, tortuoso ou estranho, tornou-se posteriormente um instrumento de luta e reivindicação. Do ponto de vista político, as teorias e as práticas *queer* (baseadas em teorias pós-estruturalistas) defendem um feminismo "radicalmente situado" e descentralizado, que questione os binarismos e a distinção clássica entre sexo e gênero.

[10] N. do E.: no original, *aquellxs*.

seu gênero de forma compreensível para os outros sofre alto risco de maus-tratos, patologização e violência.[11]

A variabilidade de gênero pode ser pensada em conjunto com o conceito de "proliferação de gêneros",[12] entendendo que gênero é uma construção que se representa continuamente e que não existe como algo essencialmente masculino ou feminino, nem como algo essencialmente hétero ou *gay*, cis ou trans, mas que, continuamente, estamos nos questionando e montando representações sobre o que é masculino, o que é feminino, o que é ambíguo para nossa cultura e época.

Essa proposta implica revisar a ideia de um "núcleo identitário de gênero" a ser conquistado como uma etapa fixa em determinado momento da infância, cujo "caráter determinante" estaria constituído ou pela biologia e sua evolução, ou por identificações e apegos iniciais com a figura materna.

Interessa-nos, portanto, perguntar-nos não sobre a natureza biológica do corpo, mas sobre as condições sociais em que as subjetividades corporais são constituídas por meio de processos culturais politicamente investidos.

As conquistas e lutas feministas têm efeito político, não só porque permitem que as relações sociais sejam reestruturadas em termos mais equitativos entre os gêneros, mas, também, porque apresentam para as infâncias novos modelos e novas narrativas em que podem ver-se, imaginar-se, projetar-se e contar-se, criando novos espaços para colocar o corpo e habitar a infância livremente.

---

11 Ver Butler, Judith. *El género en disputa.*

12 *Ibidem.*

Referências

ACOUTURIER, Bernard. La acción como transformación. *La Hamaca*, Buenos Aires, n. 10, 1999.

AGUIRRE MOLINA, Roberto. *Diario de la conquista*. Santa Fe: Delanada, 1992.

ALBANO, Sergio. *Michel Foucault*: glosario epistemológico. Buenos Aires: Quadrata, 2003.

ARGENTINA. *Ley nº 26.743/12, 9 de mayo de 2012*. Identidad de género. Ciudad Autónoma de Buenos Aires: Ministerio de Justicia y Derechos Humanos de la Nación, Secretaría de Derechos Humanos, 2014.

ASSOUN, Paul-Laurent; PONS, Horacio. *Lecciones psicoanalíticas sobre la mirada y la voz*. Buenos Aires: Nueva Visión, 1997.

BACHELARD, Gaston. *La poética del espacio*. México: FCE, 1965.

BARCIA, Roque. *Sinónimos castellanos*. Buenos Aires: El Ateneo, 1941.

BATAILLE, Georges. *Breve historia del erotismo*. Montevideo: Caldén, 1970.

BENJAMIN, Walter. El narrador: consideraciones sobre la obra de Nicolai Leskov. *In*: ALVARADO, Maite; GUIDO, Horacio (org.). *Incluso los niños*: apuntes para una estética de la infancia. Buenos Aires: La Marca, 1993.

BERGÉS, Jean. Diagnóstico y terapia en psicomotricidad. *In*: ALONSO FERNÁNDEZ, Francisco. *Cuerpo y comunicación*. Madrid: Pirámide, 1982.

BORGES, Jorge Luis. Biografía de Tadeo Isidoro Cruz (1829-1874). *In:* BORGES, Jorge Luis. *El Aleph*. Buenos Aires: Emecé, 1949.

BORGES, Jorge Luis. La estatua sensible de Condillac. *In*: BORGES, Jorge Luis. *Manual de zoología fantástica*. México: FCE, 1957.

BRUN, Jean. *La mano y el espíritu*. México: FCE, 1975.

BUTLER, Judith. *El género en disputa*: el feminismo y la subversión de la identidad. Barcelona: Paidós, 2007.

CALMÉLS, Daniel. *Cuerpo y saber*. Buenos Aires: Novedades Educativas, 2001.

CALMÉLS, Daniel. *El cuerpo cuenta*: la presencia del cuerpo en las versificaciones, narrativas y lecturas de crianza. Rosario: Homo Sapiens, 2014.

CALMÉLS, Daniel. *Fugas*: el fin del cuerpo en el comienzo del milenio. Buenos Aires: Biblos, 2013.

CALMÉLS, Daniel. *Marea en las manos*. Buenos Aires: Colihue, 2005.

CALMÉLS, Daniel. Mosaicos de la observación, *mimeo*, 1993.

CALMÉLS, Daniel. *Qué es la psicomotricidad*: los trastornos psicomotores y la práctica psicomotriz. Buenos Aires: Lumen, 2003.

CALMÉLS, Daniel. Semiología de la actitud: el cuerpo en la postura, *mimeo*, 1998.

CAMARDA, José. *La palabra del espacio*. Buenos Aires: Espacio, 1981.

CERNUDA, Luis. *Poesía completa*. Madrid: Siruela, 1994.

CHION, Michel. *La audiovisión*: introducción a un análisis conjunto de la imagen y el sonido. Barcelona: Paidós, 1998.

CHIVA, Matty. Cómo se forma la persona al comer. *Infancia y Aprendizaje*, Madrid, n. 8, dic. 1979.

CORIAT, Lydia F. *Maduración psicomotriz en el primer año del niño*. Buenos Aires: Hemisur, 1974.

CONFERENCIA MEMORIA Y RECUERDO EN LA PRIMERA INFANCIA, 2000, [Buenos Aires]. Buenos Aires: Hospital de Clínicas José de San Martín, Servicio de Psicopatología Infanto Juvenil, 2000. [Palestra proferida por Alberto Serrano].

COROMINAS, Joan. *Breve diccionario etimológico de la lengua castellana*. Madrid: Gredos, 1973.

CORTÉS MORATÓ, Jordi; MARTÍNEZ RIU, Antoni. *Diccionario de filosofía*. Barcelona: Herder, 1996. CD-ROM.

DA VINCI, Leonardo. *El tratado de la pintura*. Buenos Aires: Las Américas, 1945.

DE AJURIAGUERRA, Julián. Discurso do Prof. Dr. Julián de Ajuriaguerra. *Revista do Corpo e da Linguagem*, Rio de Janeiro, n. 12, mar. 1985.

DEBRAY, Régis. *Vida y muerte de la imagen*: historia de la mirada en occidente. Madrid: Paidós, 1994.

DELEUZE, Gilles; GUATTARI, Félix. *Mil mesetas*: capitalismo y esquizofrenia. Madrid: Pre-Textos, 1997.

DERRIDA, Jacques. *La voz y el fenómeno*: introducción al problema del signo en la fenomenología de Husserl. Valencia: Pre-Textos, 1995.

DOLTO, Françoise. *La imagen inconsciente del cuerpo*. Buenos Aires: Paidós, 1984.

DOLTO, Françoise. *Seminario de psicoanálisis de niños*. México: Siglo XXI, 1984.

Federici, Silvia. *El patriarcado del salario*: críticas feministas al marxismo. Buenos Aires: Tinta Limón, 2018.

Fernández Álvarez, Emilio; Fejerman, Natalio. *Fronteras entre neuropediatría y psicología*: conducta, lenguaje, aprendizaje. Buenos Aires: Nueva Visión, 1987.

García Márquez, Gabriel. *El amor en los tiempos del cólera*. Buenos Aires: Sudamericana, 1985.

Gárcia-Pelayo y Gross, Ramón. *Pequeño Larousse en color*. Madrid: Larousse, 1976.

Gesell, Arnold; Amatruda, Catherine. *Embriología de la conducta*. Buenos Aires: Paidós, 1972.

Grandin, Temple; Scariano, Margaret M. *Atravesando las puertas del autismo*. Buenos Aires: Paidós, 2003.

Hall, Edward T. *La dimensión oculta*. México: Siglo XXI, 1997.

Kesselman, Susana; Hemsy de Gainza, Violeta. *Música y eutonía*: el cuerpo en estado de arte. Buenos Aires: Lumen, 2003.

Koffka, Kurt. *Bases de la evolución psíquica*: una introducción a la psicología infantil. Buenos Aires: Espasa-Calpe, 1941.

Labastida, Jaime. El lenguaje de la ciencia. *Plural*: Revista Cultural de Excélsior, México, n. 270, mar. 1994.

Lévinas, Emmanuel. *Ética e infinito*. Madrid: Machado Libros, 1991.

Luria, Aleksandr R. *El cerebro en acción*. Barcelona: Fontanella, 1979.

Merleau-Ponty, Maurice. *El ojo y el espíritu*. Madrid: Trotta, 2013.

Morris, Desmond. *Comportamiento íntimo*. Barcelona: Plaza y Janés, 1971.

Página/12. Buenos Aires: Radar, año 11, n. 657, 22 mar. 2009. Suplemento.

Paillard, Jacques; Fraisse, Paul; Meili, Richard. *Psicología de las actitudes*. Buenos Aires: Proteo, 1967.

Paín, Sara. *Diagnóstico y tratamiento de los problemas de aprendizaje*. Buenos Aires: Nueva Visión, 1996.

Paín, Sara. *La génesis del inconsciente*: la función de la ignorancia. Buenos Aires: Nueva Visión, 1985. v. II.

Paín, Sara. *Subjetividad/objetividad*: relación entre deseo y conocimiento. Buenos Aires: Unsam, 2008.

Percia, Marcelo. *Una subjetividad que se inventa*. Buenos Aires: Lugar, 1994.

Pérez-Sánchez, Manuel. *Observación de bebés*. Barcelona: Paidós, 1981.

Pérgola, Federico; Okner, Osvaldo. *Introducción a la semiología*. Buenos Aires: Eudeba, 1983.

Pessoa, Fernando. *Libro del desasosiego*. Traducción Santiago Kovadloff. Buenos Aires: Emecé, 2000.

Pessoa, Fernando. *Oda marítima*. Traducción Santiago Kovadloff. Caracas: Monte Ávila, 1977.

Piaget, Jean. *Estúdios de psicologia genética*. Buenos Aires: Emece, 1973.

Pichon-Rivière, Enrique; Pampliega de Quiroga, Ana. *Psicología de la vida cotidiana*. Buenos Aires: Galerna, 1970.

Pignoli, Giorgio; Rosenberg, Lucio; Altmann, Kenneth. *Diccionario de estética*. Buenos Aires: Quadrata, 2003.

Politzer, Georges. *Principios elementales de filosofía*. Buenos Aires: Eneida, 1971.

Ponge, Francis. Al jabón. *In*: Ponge, Francis. *Antología*. Traducción Waldo Rojas. Chile: Lar, 1991.

Porchia, Antonio. *Voces*. Buenos Aires: Hachette, 1978.

Sami-Ali, Mahmoud. *Cuerpo real, cuerpo imaginario*: para una epistemología psicoanalítica. Buenos Aires: Paidós, 1979.

Sartre, Jean-Paul. *El ser y la nada*. Traducción Miguel A. Virasoro. Buenos Aires: Iberoamericana, 1949. t. II.

Schatzman, Morton. *El asesinato del alma*: la persecución del niño en la familia autoritaria. México: Siglo XXI, 1973.

Spitz, René. *El primer año de vida del niño*. Madrid: Aguilar, 1973.

Spivak, Gayatri. *¿Puede hablar el subalterno?* Buenos Aires: El Cuenco de Plata, 2011.

Stern, Daniel. *La primera relación*: madre-hijo. Madrid: Morata, 1983.

Tarcov, Nathan. *Locke y la educación para la libertad*. Buenos Aires: Grupo Editor Latinoamericano, 1991.

Todorov, Tzvetan. Claves para la obra de Mijaíl Bajtín. *Eco*, Bogotá, n. 234, abr. 1981.

Tosquelles, Francisc. *El maternaje terapéutico con los deficientes mentales profundos*. Barcelona: Nova Terra, 1973.

Tran-Thong. La teoría de las actitudes de Henri Wallon y sus consecuencias educativas. *In*: Laboratoire de Psycho-Pedagogie, Universidade de Caen. *Introducción a Wallon*: Wallon y la psicomotricidad. Barcelona: Médica y Técnica, 1981. v. I.

Virilio, Paul; Lotringer, Sylvére. *Amanecer crepuscular*. Buenos Aires: FCE, 2003.

Vygotsky, Lev. Psicología infantil. *In*: Vygotsky, Lev. *Obras escogidas*. Madrid: Visor, 1996. v. IV.

Wallon, Henri. *Del acto al pensamiento*. Buenos Aires: Psique, 1978.

Wallon, Henri. Kinestesia e imagen visual del propio cuerpo en el niño. *In*: Wallon, Henri. *Estudios sobre psicología genética de la personalidad*. Buenos Aires: Lautaro, 1965.

Wallon, Henri. *La evolución psicológica del niño*. Buenos Aires: Psique, 1979.

Wallon, Henri. *Los orígenes del carácter en el niño*. Buenos Aires: Nueva Visión, 1979.

Winnicott, Donald. *El proceso de maduración en el niño*. Barcelona: Laia, 1975.

Winnicott, Donald. *Los bebés y sus madres*. Buenos Aires: Paidós, 1989.

Sobre o autor

Daniel Calméls

Psicomotricista, escritor, psicólogo social, professor nacional de Educação Física pela Universidad Nacional de La Plata, professor honorário da Universidad Provincial de Córdoba. Fundador e ex-chefe da área de Psicomotricidade do Servicio de Psicopatología Infantil del Hospital de Clínicas (1980-2005). Membro honorário da Asociación Federal de Psicomotricistas, da Asociación Argentina de Psicomotricidad e da Organização Mundial para a Educação Pré-Escolar (Omep). Docente da Universidad Nacional de San Martín (Unsam), no curso de Licenciatura em Psicopedagogia. É autor dos livros: *Cuerpo y saber*; *El cuerpo en la escritura*; *El juego corporal*; *Del sostén a la transgresión*; *Marea en las manos* (poesia); *Juegos de crianza*; *El cuerpo cuenta*; *Espacio habitado: en la vida cotidiana y en la práctica profesional*; *Fugas: el fin del cuerpo en los comienzos del milenio*. Em literatura infantil, publicou os livros: *La almohada de los sueños* e *Los duendes de la mesa*.

Sobre a colaboradora

Mara Lesbegueris

Licenciada em Psicomotricidade, professora de Educação Física, mestranda em Antropologia Social. Docente na Universidad Nacional de San Martín (Unsam) e na Universidad Nacional de la Matanza (UNLaM). Terapeuta clínica em psicomotricidade com perspectiva de gênero(s). Autora do livro *Géneros y psicomotricidad: las corporeidades en clave feminista*, publicado pela Biblos, em 2020.

Sobre o Livro
Formato: 16 x 23 cm
Mancha: 11,2 x 17,4 cm
Papel: Offset 90g
nº páginas: 120
2ª edição: 2022

Equipe de Realização
Assistência editorial
Liris Tribuzzi

Edição de texto
Gerson Silva (Supervisão de revisão)
Fernanda Fonseca (Preparação do original e copidesque)
Roberta Heringer de Souza Villar (Revisão)

Editoração eletrônica
Évelin Kovaliauskas Custódia (Capa, projeto gráfico e diagramação)
Melissa Kovaliauskas Custódia (Diagramação)

Fotografia
punphoto e Mariia Popovskaia | iStock (Imagens de capa)

Impressão
Edelbra Gráfica